Copyright © G. Conti & D. Viñales

Imprint: Independently Published
Edited by **Jaume Llorens & Paloma Lozano García**

Spanish
Sentence Builders

TRILOGY
PART II

A Lexicogrammar approach

Answers & transcripts

This is the answer & transcripts booklet for
"Spanish Sentence Builders – TRILOGY – Part II
– A Lexicogrammar approach"

SENTENCE BUILDERS TRILOGY
PART 2 - TABLE OF CONTENTS

TERM 1

UNIT 1. Talking about weather and free time

TRANSCRIPTS

1. Listen and fill in the gaps

a. Cuando tengo **tiempo** juego al ajedrez.   b. Cuando está **despejado** hago ciclismo.
c. Cuando hace **buen tiempo** hago footing.   d. Cuando hace **calor** voy a la playa.
e. Cuando **llueve** voy al centro comercial.   f. Entre **semana** no hago deporte.
g. Cuando hay **niebla** no voy en bici.   h. Cuando hay **tormenta** me quedo en casa.
i. Cuando hace **mal tiempo** hago los deberes.

2. Mystery WORDS

a. La **niebla**   b. El **calor**   c. El **viento**   d. El **sol**   e. **Despejado**   f. Cuando **llueve**   g. Está **nublado**
h. El **frío**

3. Listening for detail

a. Hola, soy Pablo. En mi tiempo libre hago equitación (porque me encantan los caballos) y también hago los deberes.
b. Hola, soy Ana. En mi tiempo libre me encanta hacer natación. También, voy al centro comercial con mis amigos y al restaurante con mi familia.
c. Hola, me llamo Conchi y en mi tiempo libre siempre hago footing. También juego al ajedrez y voy a casa de mi amigo Simón.

4. Fill in the blanks

¿Qué hago en mi tiempo libre? Muchas cosas. Cuando hace buen tiempo siempre voy al **parque**. Me gusta **correr**. Entonces hago **footing**, solo o con mi **perro**. A él también le gusta correr. Además me **encanta** hacer escalada y **senderismo**. Por lo tanto, cuando no **llueve**, hago senderismo en el bosque cerca de mi casa (vivo en el **campo**). Cuando está **despejado** y hace **calor**, me voy a la **playa**. Me encanta la **natación** y tomar el **sol**. Cuando hace **mal tiempo**, sobre todo cuando **llueve**, me quedo en casa. Me meto en **internet**, hago los deberes, juego al **ajedrez** con mi hermano mayor o leo una **novela**. Me encanta pasar tiempo en **familia**.

5. Write in English what each person thinks about different types of weather

e.g. Me encanta el calor. Cuando hace calor voy a la playa.
a. Me gusta cuando hace buen tiempo porque puedo hacer footing.
b. Me encanta el viento porque es perfecto para hacer vela.
c. Me gustan las tormentas porque me puedo quedar en casa y ver la tele.
d. Detesto el frío. Cuando hace frío voy de compras.
e. Cuando hace mal tiempo no me gusta porque tengo que hacer mis deberes.
f. Cuando está despejado me encanta porque hago senderismo.
g. Cuando el cielo está nublado me gusta porque entonces voy al centro comercial.

6. Sentence puzzle
a. Cuando hace frío me quedo en casa.   b. Cuando hace mal tiempo voy de compras al centro comercial.
c. Cuando llueve mi padre y yo jugamos al ajedrez.   d. Cuando hace calor mi familia va a la playa.
e. Cuando hace buen tiempo damos un paseo en el parque.   f. Cuando nieva hacemos esquí en la montaña.
g. Cuando el cielo está despejado hago footing con mi perro.

7. Listen, spot and correct the grammar and spelling mistakes

Me llamo Patricio. Soy de Barcelona pero vivo en Cádiz, en el sur de España. Soy alto y delgado. Vivo con mis padres y mi hermano mayor, Jorge. Me llevo muy bien con mis padres. Pasamos mucho tiempo juntos. Me gusta mucho jugar al ajedrez con mi padre y a las cartas con mi madre. Paso mucho tiempo con mi hermano también. Hacemos deporte juntos, como footing, natación y pesas. En el fin de semana vamos de marcha juntos.

8. Listen to Denisse and answer the questions in English

Hola, ¡soy Denisse! Soy de Ecuador, en Sudamérica, pero vivo en el noreste de Inglaterra, en Newcastle. Muchas veces llueve y está nublado. Cuando hace mal tiempo, me quedo en casa, veo la tele y juego con mi ordenador. Sin embargo, cuando hace buen tiempo hago footing, voy al parque y voy al centro con mis amigos.

ANSWERS

Unit 1. Talking about weather and free time: LISTENING

1. Listen and fill in the gaps

a. Cuando tengo **tiempo** juego al ajedrez.   b. Cuando está **despejado** hago ciclismo.
c. Cuando hace **buen tiempo** hago footing.   d. Cuando hace **calor** voy a la playa.
e. Cuando **llueve** voy al centro comercial.   f. Entre **semana** no hago deporte.
g. Cuando hay **niebla** no voy en bici.   h. Cuando hay **tormenta** me quedo en casa.
i. Cuando hace **mal tiempo** hago los deberes.

2. Mystery WORDS

a. La **niebla**   b. El **calor**   c. El **viento**   d. El **sol**   e. **Despejado**   f. Cuando **llueve**   g. Está **nublado**
h. El **frío**

3. Listening for detail

a. Pablo: does horse riding and does his homework.
b. Ana: does swimming, goes to the shopping mall and goes to the restaurant.
c. Conchi: does jogging, plays chess and goes to her friend's house.

4. Fill in the blanks

¿Qué hago en mi tiempo libre? Muchas cosas. Cuando hace buen tiempo siempre voy al **parque**. Me gusta **correr**. Entonces hago **footing**, solo o con mi **perro**. A él también le gusta correr. Además me **encanta** hacer escalada y **senderismo**. Por lo tanto, cuando no **llueve**, hago senderismo en el bosque cerca de mi casa (vivo en el **campo**). Cuando está **despejado** y hace **calor**, me voy a la **playa**. Me encanta la **natación** y tomar el **sol**. Cuando hace **mal tiempo**, sobre todo cuando **llueve**, me quedo en casa. Me meto en **internet**, hago los deberes, juego al **ajedrez** con mi hermano mayor o leo una **novela**. Me encanta pasar tiempo en **familia**.

5. Write in English what each person thinks about different types of weather
e.g. Loves | Hot | Beach
a. Likes | Good weather | Jogging   b. Loves | Wind | Sailing   c. Likes | Storms | Stays at home/watches TV
d. Hates | Cold | Shopping   e. Dislikes | Bad weather | Homework   f. Loves | When the sky is clear | Hiking
g. Likes | Clouds | Shopping mall

6. Sentence puzzle

a. Cuando hace frío me quedo en casa.   b. Cuando hace mal tiempo voy de compras al centro comercial.
c. Cuando llueve mi padre y yo jugamos al ajedrez.   d. Cuando hace calor mi familia va a la playa.
e. Cuando hace buen tiempo damos un paseo en el parque.   f. Cuando nieva hacemos esquí en la montaña.
g. Cuando el cielo está despejado hago footing con mi perro.

7. Listen, spot and correct the grammar and spelling mistakes

Me llamo Patricio. Soy **de** Barcelona pero vivo en Cádiz, en **el** sur de **España**. Soy alto y **delgado**. Vivo con **mis** padres y mi hermano **mayor**, Jorge. Me llevo muy bien con mis **padres**. Pasamos **mucho** tiempo **juntos**. Me gusta mucho jugar al ajedrez con mi padre y a **las** cartas con mi madre. Paso mucho tiempo con mi hermano **también**. **Hacemos** deporte juntos, como footing, natación y **pesas**. En el fin de semana vamos **de** marcha juntos.

8. Listen to Denisse and answer the questions in English

a. Which country is she from? Where is this country located? **Ecuador, South America**
b. Where does she live? **Newcastle: in the north-east of England**
c. What is the weather like? **Often rains and is cloudy**
d. What does she do when the weather is bad? (three details) **Stays at home/Watches telly/Plays on the computer**
e. What does she do when the weather is nice? (three details) **Jogging/Goes to the park/Goes to town centre with friends**

Unit 1. Talking about weather and free time VOCABULARY BUILDING

1. Match up

Cuando – When   **Hace frío** – It's cold   **Hace calor** – It's hot   **Hace buen tiempo** – It's good weather
Hace mal tiempo – It's bad weather   **Está despejado** – The sky is clear   **Llueve** – It's raining

2. Translate into English

a. When it's cold   b. When it rains   c. The sky is clear   d. When it's hot   e. When it snows   f. When it's good weather   g. When it's foggy   h. I play tennis   i. I do skiing   j. When the weather is bad

3. Complete with the missing Word

a. Cuando hace **mal** tiempo   b. Cuando **llueve** y hace **frío**   c. Cuando **hace** sol y hace **calor**
d. Cuando hay tormenta me **quedo** en casa   e. Cuando hace **buen** tiempo voy al parque
f. Cuando **nieva** hago esquí en la montaña   g. Cuando hace **viento** mi amigo se queda en casa
h. Me gusta cuando hace **sol**

4. Anagrams: weather

a. Frío   b. Calor   c. Nieva   d. Llueve   e. Despejado   f. Mal tiempo   g. Hace sol   h. Viento   i. Hay niebla
j. Nublado   k. Tormenta   l. Buen tiempo

5. Associations

a. **Mal tiempo:** tormenta, viento, lluvia, me quedo en casa, no hago nada, pijama, veo la tele, bufanda
b. **Buen tiempo:** sol y calor, pantalón corto, la playa, sombrero, bañador
c. **Nieva y hace frío:** la montaña, botas de nieve, hago esquí, bufanda

6. Complete

a. Hace buen **tiempo**   b. Me quedo en **casa**   c. Cuando **llueve**   d. Cuando hace **calor**   e. **Voy** a la playa
f. Cuando **hay** tormenta   g. Cuando **está** despejado   h. Cuando está **nublado**

7. Match up

Juego al tenis – I play tennis   **Juego a las cartas** – I play cards   **Hago equitación** – I do horseriding
Voy de marcha – I go clubbing   **Ella va de pesca** – She goes fishing   **En su dormitorio** – In his bedroom   **Me quedo en casa** – I stay at home   **la natación** – swimming

8. Complete with the missing word

a. Me quedo en **mi** dormitorio   b. Mi amigo **va** a la playa   c. Voy a **casa** de mi **amigo**   d. Voy al **polideportivo**
e. **Entre** semana siempre hago mis deberes   f. Me gustan los fines de **semana**   g. Juego con mis **amigos**
h. Mi amiga Vero siempre **va** a casa de **su** amigo   i. Siempre hago **senderismo**

9. Translate into English

a. My friend's house   b. I do horse riding   c. The sky is clear   d. I go rock climbing   e. He/she does jogging
f. He/She goes to the sports centre   g. I go to the swimming pool   h. I do sport

10. Anagrams: activities

a. Footing   b. Natación   c. Senderismo   d. Equitación   e. Baloncesto   f. Fútbol   g. Cartas   h. Ajedrez
i. Centro comercial   j. De marcha   k. De pesca   l. Deporte

11. Broken words

a. **J**uego al **f**útbol **c**on mis **amigo/os/a/as**   b. Mi tía Ma**r**ía **j**uega a **l**as **cartas**   c. **Vo**y a **c**asa **d**e mi **amigo/a**
d. **J**oaquín va al **polideportivo**   e. **H**ago e**quitación** con mi **caballo**
f. Mi a**migo/a** se q**ueda** en **c**asa y h**ace** los d**eberes**

12. Complete

a. Hago los **deberes**   b. Se **queda** en casa   c. Hace **natación**   d. Voy **al** gimnasio   e. **Voy** a la piscina
f. Me quedo en **casa**   g. Hago **escalada**   h. Hago **esquí** en la **montaña**   i. En mi **dormitorio**

Unit 1. Talking about weather and free time: READING

1. Find the Spanish equivalent in Pietro's text

a. Soy de   b. Tengo once años   c. Me gusta   d. Cuando   e. Hace sol   f. Voy al parque   g. Con mi perro
h. Pequeño y negro   i. Un bañador   j. La playa

2. Find the Spanish equivalent in Chloe's text

a. Cuando hace calor   b. Está despejado   c. Hago natación   d.Voy de pesca   e. Un poco aburrido
f. Voy de marcha   g. Una camiseta   h. Se llama   i. Se queda   j. En su casa

3. Complete the following statements about Isabela's text

a. She is **15** years old   b. She loves buying **t-shirts** and **jackets**   c. She loves it when it's **stormy**
d. When it's stormy she plays **videogames** or **cards** with her **older** brother
e. Isabela does not like **cold** weather   f. Her pet can **speak** Italian

4. Answer the questions about Ana Laura (in Spanish)

a. (Es de) Brasil   b. (Tiene) doce años   c. (Le encanta) cantar   d. (Le encanta) el frío
e. (Va) al centro comercial   f. Se queda en casa   g. No, no le gusta el calor   h. (Su película favorita es) Frozen II

5. Find someone who
a. Chloé   b. Chloé   c. Ana Laura   d. Isabela   e. Isabela   f. Chloé   g. Pietro   h. Ana Laura   i. Chloé's dad

Unit 1. Talking about weather and free time: WRITING

1. Split sentences

Me gusta **cuando hace frío.**   No me **gusta la lluvia.**   Cuando hace **sol voy a la playa.**
Cuando hace frío llevo un **abrigo y una bufanda.**   Las tormentas son **muy bonitas.**
Cuando hace mal tiempo **me quedo en casa.**   Cuando hace buen **tiempo voy al parque.**
Cuando nieva **hago esquí.**

2. Complete with the correct option

a. **Cuando** hace frío llevo una bufanda. ¡No me **gusta!**   b. **Entre** semana hago los deberes.
c. Cuando **hace** mal tiempo, me **quedo** en casa.   d. Cuando **hay** niebla no voy a la **montaña.**
e. Cuando hace **calor** voy a la playa.   f. Cuando **está** despejado hago senderismo en el campo.
g. Cuando hace mal tiempo mi amigo Pepe se queda en **su** casa.

3. Spot and correct the grammar and spelling mistakes

a. Cuando hace viento voy **al** gimnasio con mi amigo.   b. Cuando est**á** nublado mi amiga Juana juega al tenis.
c. Me encantan la**s** tormentas, son muy bonita**s.**   d. Cuando hace **mal** tiempo mi amigo **se** queda en casa.
e. Cuando **hay** niebla no juego al baloncesto.   f. Los fin**es** de semana voy **a la** playa con mi perro.
g. Cuando hace sol voy al campo y llev**o** una camiseta blanc**a.**
h. Siempre llev**o** zapatil**las** de deporte cuando juego al fútbol.

4. Complete the words

a. **Frío** – Cold   b. **Calor** – Hot   c. **Nublado** – Cloudy   d. **Cuando** – When   e. **Tormentas** – Storms
f. **Viento** – Wind   g. **Niebla** – Fog

5. Guided writing

Elías: Me llamo Elías. Vivo en Sevilla. Cuando hace buen tiempo, voy al parque con mis amigos.
Santino: Me llamo Santino. Vivo en Córdoba y cuando hace calor y sol, voy a la playa con mi perro.
Julieta: Me llamo Julieta y vivo en Huelva. Cuando hace frío y llueve, me quedo en casa con mi hermana mayor.

6. Describe this person in Spanish using the 3rd person [she]

Se llama Paula. Vive en Mérida y tiene trece años. Tiene un perro blanco. Cuando hace sol y buen tiempo,
siempre va al campo y hace senderismo, y nunca se queda en casa y hace sus deberes.

TERM 1 – BRINGING IT ALL TOGETHER - 1

1. Answer the following questions in English

a. From Madrid   b. In Bath, Southwest of England   c. Because he is sporty and calm
d. He goes hiking with his dog   e. He likes going to the gym and the pool   f. When it rains or it's stormy
g. On Mondays after school   h. Because he is very kind and always helps him   i. Every day at the sports centre
j. He plays chess with his mum or his grandmother

2. Find the Spanish equivalent in Jaime's text

a. Soy de   b. En las afueras   c. Hago muchas cosas   d. Con mi hermano   e. Pero bastante agotador
f. Es muy guapo   g. Cuando llueve   h. Me quedo   i. Siempre voy   j. En su jardín   k. Su casa
l. A veces   m. No le gusta

3. Complete the translation of paragraphs 5 & 6

In his free time, my friend Samuel also does a lot of **sport**. His favourite sport is **rock climbing**; he goes climbing every **day** at the **sports centre**. **Sometimes** he goes climbing in the **mountains**! He also plays football and rugby at **weekends**.

However, when the weather is **bad**, he doesn't like to do sport. When it's **cold**, he stays at home and plays **videogames** with his friends. When it's **stormy**, he plays **chess** with his mum or his **grandmother**.

4. True (T), False (F) or Not Mentioned (NM)?

a. Liam doesn't do much in his free time. **(F)**   b. Liam plays rugby every day. **(F)**
c. Ramón has a brother named David. **(F)**   d. Ramón cycles when it rains. **(F)**
e. Ramón swims after school. **(T)**   f. Liam thinks swimming sounds fun. **(T)**
g. Liam plays football when it rains. **(T)**   h. Liam's brother plays videogames at home. **(F)**
i. Liam loves videogames. **(F)**   j. Liam stays at home when it's stormy. **(T)**
k. Ramón plays chess when it's stormy. **(NM)**   l. Liam plays cards with his brother. **(F)**
m. Ramón loves the snow. **(F)**

5. Complete the statements

a. Liam plays football in the **park** every day.   b. Ramón goes to the **countryside** to cycle.
c. Ramón does swimming at the **sports centre**.   d. When it rains, Liam plays football on the **covered pitch**.
e. Liam **doesn't like** videogames.   f. Liam plays **chess/cards** with his dad.
g. Liam goes to the **mountains** to play in the snow.

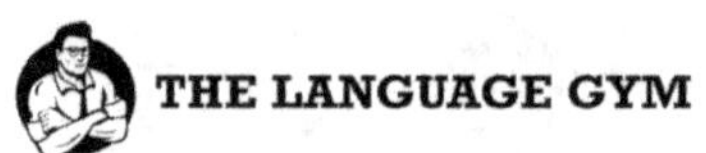

UNIT 2. Talking about my daily routine & activities

TRANSCRIPTS

1. Multiple choice

e.g. Por la mañana voy al colegio a las ocho y cuarto.
a. Entre semana me ducho a las nueve y media.   b. Antes del colegio desayuno a las siete y cuarto.
c. Por la tarde veo la tele a las cinco y media.   d. Entre semana me levanto a las seis y cuarto.
e. Por la noche preparo mi mochila a las diez.   f. Por la mañana leo un libro a las siete menos cuarto.
g. Antes del colegio me pongo el uniforme a las ocho.

2. Complete the words

a. Mañana   b. Noche   c. Cereales   d. Mochila   e. Colegio   f. A las seis   g. Las diez y cuarto   h. Deberes
i. Una menos cuarto

3. Fill in the blanks

a. Hoy debo ayudar en casa.   b. Esta tarde no tengo que ir al colegio.   c. Hoy no voy a salir con mis amigos.
d. Sin embargo, debo hacer la cama.   e. Por la noche tengo que hacer mis deberes.
f. Hoy no quiero ir al colegio.   g. Mañana voy a levantarme temprano.

4. Spot the intruders

Hola, soy José Luis. Entre semana tengo que ir al colegio. Por la mañana me levanto a las seis y media y desayuno a las siete menos cuarto. Salgo de casa a las siete y media. Por la tarde vuelvo a casa a les tres y media y veo la tele hasta *(until)* las cinco porque debo ayudar en casa a las cinco y cuarto. Por la noche me acuesto a las nueve y media.

5. Faulty translation

*e.g. **Por la tarde** vuelvo a casa a las cinco y media.*
a. Por la mañana me peino **a las seis y cuarto**.   b. **Por la noche** leo un libro a las ocho y media.
c. Por la tarde tengo que hacer mis deberes **a las cuatro**.
d. Antes del colegio **me lavo los dientes** a las siete menos cuarto.
e. **Esta tarde** puedo salir con mis amigos a las cinco.   f. Por la noche **descanso** a las diez y media.
g. Por la tarde almuerzo **a la una**.   h. Por la noche **juego a videojuegos** hasta las once.

6. What is your daily routine?

a. Raquel: Buenas, soy Raquel. Entre semana, tengo mucho que hacer. Por la mañana, me levanto a las siete y media y me pongo el uniforme a las ocho menos cuarto. Por la tarde, descanso en casa a las cuatro y media. Por la noche, salgo con mis amigos. Sin embargo, hoy no puedo salir con los amigos.

b. Raúl ¿Qué pasa? Soy Raúl. Vivo una vida muy tranquila. Por la mañana, no tengo que levantarme temprano así que me levanto a las nueve. Luego, me lavo los dientes a las nueve y cinco. Por la tarde, juego a videojuegos a las cinco menos cuarto. Por la noche, me acuesto a las doce. Hoy tengo que ayudar en casa a las seis.

c. Sara: Buenas tardes, soy Sara. Vivo en Tenerife con mi familia. Mi rutina diaria es muy simple. Por la mañana, me visto a las siete y salgo de casa a las ocho. Por la tarde, hago mis deberes a las cinco menos cuarto y veo la tele a las seis y media. Por la noche, me acuesto temprano a las ocho y media. Sin embargo, hoy quiero acostarme más tarde.

7. Narrow listening

a. Hola, me llamo Alexis. Soy de España pero vivo en Argentina con mi familia. Tengo dieciocho años. En mi opinión no me gusta mi rutina diaria. Entre semana tengo que levantarme temprano porque tengo que ir al colegio. Antes del colegio me ducho a las siete y me pongo el uniforme a las siete y cuarto - ¡odio mi uniforme!

b. Por la tarde vuelvo a casa a las cinco y debo hacer las tareas domésticas y los deberes. Sin embargo, esta tarde no voy a hacer mis deberes; hoy voy a salir con mis amigos.

8. Listen and answer the questions

Part 1 – a. Buenos días, soy Omar. Soy de Turquía pero ahora vivo en Inglaterra. En mi opinión me gusta mi rutina diaria. Entre semana tengo que ir al colegio así que me levanto a las seis y cuarto. Después me lavo los dientes y desayuno a las seis y media. A las siete salgo de casa para llegar al colegio a las ocho.

Part 2 – b. Por la tarde vuelvo a casa a las cuatro y media y juego a videojuegos hasta las seis. A las seis debo hacer las tareas domésticas y hacer mis deberes - es importante ayudar en casa. Los fines de semana descanso mucho porque no tengo que levantarme temprano.

ANSWERS

Unit 2. Talking about my daily routine & activities: LISTENING

1. Multiple choice

e.g. Go to school
a. Shower   b. Have breakfast   c. Watch TV   d. Get up   e. Prepare my bag   f. Read a book
g. Put on uniform

2. Complete the words

a. Ma**ñ**ana   b. **N**oche   c. **C**ereales   d. **M**ochila   e. **C**olegio   f. A **las seis**   g. Las die**z** y **c**uarto   h. De**b**eres
i. La un**a** men**o**s cuart**o**

3. Fill in the blanks

a. Hoy **debo** ayudar en casa.   b. Esta tarde **no tengo que** ir al colegio.   c. Hoy **no voy a** salir con mis amigos.
d. Sin embargo, **debo** hacer la cama.   e. Por la noche **tengo que** hacer mis deberes.
f. Hoy **no quiero** ir al colegio.   g. Mañana **voy a** levantarme temprano

4.   Spot the intruders

Hola, ~~mi~~ soy José Luis. Entre ~~el~~ semana tengo que ir ~~voy~~ al colegio. Por la mañana me levanto a las seis y ~~la~~ media y ~~me~~ desayuno a las siete menos cuarto. ~~Debo~~ Salgo de casa a las siete y media. Por la tarde ~~veo~~ vuelvo a casa a las tres y media y veo la ~~radio~~ tele hasta *(until)* las cinco porque debo ~~ayudo~~ ayudar en casa a las cinco y cuarto. Por la noche me ~~yo~~ acuesto a las nueve y ~~una~~ media.

5. Faulty translation

*e.g. **In the afternoon** I arrive home at 5:30.*
a. In the morning I brush my hair at **6:15**.   b. **At night** I read a book at 8:30.
c. In the afternoon I have to do my homework at **4:00**.   d. Before school **I brush my teeth** at 6:45.
e. **This afternoon** I can go out with my friends at 5:00.   f. At night **I rest** at 10:30.
g. In the afternoon I have lunch at **1:00**.   h. In the evening **I play videogames** until 11:00

6. What is their daily routine?

a. Raquel:
In the morning: wakes up at 7.30 and puts uniform on at 7.45
In the afternoon: rests at home at 4.30
At night: goes out with her friends
Today: can't go out with her friends

b. Raúl:
In the morning: doesn't have to get up early so gets up at 9 and brushes his teeth at 9.05
In the afternoon: plays videogames at 4.45
At night: goes to bed at 12
Today: has to help at home at 6

c. Sara:
In the morning: gets dressed at 7 and leaves the house at 8
In the afternoon: does her homework at 4.45 and watches TV at 6.30
At night: goes to bed early at 8.30
Today: wants to go to bed later

7. Narrow listening

a. Hello, my name is Alexis. I am from **Spain** but I live in Argentina with my **family. I am** 18 years old. In my **opinion** , I don't like my **daily routine**. During the **week** , I have to get up **early** because **I have to** go to school. **Before** school, I **shower** at **07:00** and I put on my uniform at **07:15** – I **hate** my uniform!

b. In the afternoon, **I get home** at **17:00** and **I must** do chores and **homework**. However, **this** afternoon I am **not going** to do my homework; **today** I am going **to go out** with my **friends**.

8. Listen and answer the questions

Part 1 - a.
1. He likes it.   2. He has to go to school.   4. At 6:15.   4. At 8:00.

Part 2 - b.
1. At 16:30.   2. He plays video games.   3. He must do his chores and homework.
4. He thinks it is important.   5. He relaxes a lot.   6. He doesn't have to get up early.

Unit 2. Talking about my daily routine & activities: VOCAB BUILDING

1. Match

Tomo el desayuno – I have breakfast   **Hago mis deberes** – I do my homework
Salgo de casa – I leave my home   **Me levanto** – I get up   **Llego al colegio** – I arrive at school
Me acuesto – I go to bed   **Leo un libro** – I read a book   **Me lavo la cara** – I wash my face
Me visto – I get dressed   **Me ducho** – I shower   **Descanso** – I rest   **Almuerzo** – I have lunch
Quiero – I want   **Puedo** – I can

2. Missing letters

a. Tomo el desayuno   b. Descanso   c. Me lavo   d. Puedo   e. Quiero   f. Me levanto   g. Salgo de casa
h. Leo un libro   i. Llego al colegio   j. Me visto   k. Me ducho   l. Vuelvo a casa

3. Multiple choice

a. 3   b. 1   c. 2   d. 1   e. 3   f. 1   g. 2   h. 1   i. 2   j. 1

4. Complete with the missing verb

a. Me visto   b. Me lavo   c. Almuerzo   d. Leo un libro   e. Quiero   f. Voy a hacer   g. Debo   h. Me acuesto

5. Match action and place

Me lavo en el cuarto de baño   **Almuerzo en** el restaurante   **Me visto en** mi dormitorio
Hago footing en el parque   **Hago pesas en** el gimnasio   **Veo una película en** el cine
Voy de compras en el centro comercial   **Hago natación en** la piscina

6. Arrange the actions in the correct chronological order

1. Me despierto   2. Me levanto   3. Tomo el desayuno   4. Voy al colegio   5. Llego al colegio   6. Almuerzo
7. Salgo del colegio   8. Ceno   9. Después de cenar, veo la tele

7. Faulty translation

a. I get up at 6:**30**   b. I shower **right away**   c. I **get dressed**   d. I **put on** my uniform   e. I **arrive at** school
f. I **do jogging**   g. I have **lunch**   h. I **leave** school   i. I **rest**   j. I **go to bed**

8. Complete with the options below

a. Por lo general me levanto a las seis y **media.**   b. Tomo el desayuno a eso de la siete menos **veinte.**
c. Salgo de casa a eso de las siete y **diez.**   d. Cojo el autobús a las siete y **cuarto.**
e. Llego al colegio a las ocho **menos** cuarto.   f. Las clases empiezan a las ocho menos **cinco.**
g. Almuerzo a **mediodía.**   h. Vuelvo a casa en el autobús de las cuatro y **veinte.**
i. Ceno a **eso** de las ocho de la tarde.   j. Me acuesto a **medianoche.**

9. Match

A las ocho y cuarto – 8: 15   **A las ocho y diez** – 8: 10   **A las ocho y media** – 8:30
A las ocho y cinco – 8:05   **A las nueve menos cinco** – 8:55   **A las nueve menos diez** – 8:50
A las nueve menos cuarto – 8:45

Unit 2. Talking about my daily routine & activities: READING & WRITING

1. Find someone who

a. Susana   b. Pedro   c. Silvio   d. Ana Laura   e. Elena   f. Ana Laura   g. Pedro   h. Roberto   i. Gabriel
j. Marina   k. Carla

2. Sentence puzzle

a. Hoy no tengo que hacer mis deberes   b. Mañana no tengo que levantarme temprano
c. Esta tarde puedo salir con mis amigos   d. Mañana no tengo que ir al colegio
e. Este fin de semana voy a ir al estadio   f. El próximo viernes debo hacer las tareas
g. El próximo sábado puedo acostarme tarde   h. El próximo domingo puedo ir a la fiesta de Paco

Unit 2. Talking about my daily routine & activities: TRANSLATION

1. Gapped translation

a. Tomorrow I **can't** go out with my girlfriend because I have **a lot of homework.**
b. Next **weekend** I am going to go to Amparo's **party.**   c. Next **Sunday** I **want** to go to the beach.
d. Today in the **afternoon/evening** I am going to go **shopping** with my mother.
e. **Today** I don't want to do the chores. I am very **tired.**   f. Every day, after **getting up** I **have to** make my bed.
g. Today I **can't** go mountain biking because **the weather is bad.**
h. Next **Saturday** I am not going to do anything. I am only going to **rest.**

2. Sort the activities below in the appropriate box

Los deportes: a, h, k   **Las compras:** e, f, g   **Los estudios:** b, c, j   **Las tareas domésticas:** d, i, l

3. Complete with a suitable word

a. Hoy tengo que hacer mis **deberes.**   b. Mañana quiero ir de **compras.**
c. Esta tarde voy a ayudar a mi **padre/madre.**   d. Esta mañana no voy a **ir** al colegio.
e. Hoy quiero comer **pasta, etc**.   f. Tengo que **estudiar/revisar** para el examen.   g. Quiero **montar** en bici.
h. Llego al **colegio** a las ocho.   i. Tomo el **desayuno** en la cocina.   j. No hago **nada.**
k. Leo un **libro** en mi dormitorio.

Unit 2. Talking about my daily routine & activities: READING 1

1. Find the Spanish equivalent in Eduardo's text

a. Temprano   b. Debo coger   c. Me ducho enseguida   d. (Unas) Tostadas con miel
e. Después del desayuno   f. Llego al   g. Las clases empiezan   h. Descanso un poco   i. No puedo salir
j. Para mirar escaparates   k. Voy a estudiar

2. Complete the sentences

a. During the week I get up **very early**.   b. At 6:45 I must **catch the bus** to go to school.
c. For breakfast I have **toast** with **honey**.
d. After breakfast I put on my uniform and **leave from home** to catch the bus.
e. Lessons start at **7:45** and end at **3:15**.   f. At around 4:00 I **go back home.**
g. Before doing my homework I **take a shower and rest.**
h. Today I must revise for my exams, so I **can't go out with my friends**.
i. Between 5:00 and 7:30 we go to the shopping mall to **go window shopping** and to **go for a walk**.

3. Find in the text

a. Me levanto, me ducho   b. Debo, tengo que   c. Tostadas, miel   d. Repasar, estudiar
e. Dar un paseo, mirar escaparates.   f. Hoy, entre semana, hasta   g. Después, luego
h. A eso de las seis, a las siete menos cuarto, a eso de las siete, etc…

4. Answer the questions in Spanish in full sentences, as if you were Eduardo

a. Por lo general me levanto a eso de las seis.   b. Cojo el autobús a las siete menos cuarto.
c. Desayuno unas tostadas con miel y zumo de naranja.   d. Me pongo el uniforme después de desayunar.
e. Las clases empiezan a las ocho menos cuarto.   f. Porque hoy tengo que repasar para mis exámenes.
g. Miramos escaparates y paseamos.   h. Esta noche voy a estudiar hasta las once.

Unit 2. Talking about my daily routine & activities: READING 2

1. Find the Spanish equivalent in Inés' text

a. Entre semana   b. Tengo que levantarme   c. Enseguida   d. Me lavo los dientes   e. Salgo de casa
f. Llego al instituto   g. Las clases empiezan   h. Paso una hora   i. Antes de salir del instituto
j. Nos ayudamos   k. A causa de los exámenes   l. El cotilleo   m. Miramos escaparates

2. Translate into English

a. I usually get up quite early.   b. I have to get up around half past six.   c. Before leaving from home.
d. Before leaving from (secondary) school/high school.
e. We help each other when we don't understand something.   f. I go back home.
g. I rest a little before doing my homework.   h. I can't go out with my friends nor chat with them.
i. We go window shopping and buy clothes.

3. Tick the phrases that you can find in Inés' text

a, b, d, f, h, k

Unit 2. Talking about my daily routine & activities: WRITING & TRANSLATION

1. Complete the text with one of the options below

Entre **semana** suelo levantarme bastante temprano. Tengo que **levantarme** a eso de las seis y media porque **debo** coger el autobús para el colegio a las siete y cuarto. Me ducho **enseguida** y después desayuno unas tostadas con **miel** y un zumo de manzana. Después del desayuno me lavo los dientes y antes de **salir** de mi casa me pongo el uniforme. Luego salgo de casa **para** coger el autobús. Por lo general **llego** al colegio a eso de las ocho. Las clases empiezan a las ocho menos cuarto y **terminan** a las tres y cuarto. Antes **de** salir del colegio, por lo general, paso una hora o dos repasando en la **biblioteca**. Es bastante difícil y **aburrido**, pero mi **mejor** amiga Laura estudia conmigo, **así que** nos ayudamos cuando no comprendemos algo.

2. Jigsaw reading

3, 5, 1, 7, 4, 10, 2, 8, 6, 9, 11

3. Translate the sentences into Spanish using *tengo que* + infinitive

a. Tengo que levantarme temprano.   b. Tengo que hacer mis deberes.   c. Tengo que ayudar a mi madre.
d. Tengo que ir al colegio.   e. Tengo que hacer mi cama.   f. Tengo que acostarme temprano.
g. Tengo que estudiar/revisar para los exámenes.   h. Tengo que ayudar en casa.

4. Translate the sentences into Spanish using *(no) puedo* + infinitive

a. Puedo salir con mis amigos.   b. No puedo jugar en mi ordenador.   c. Puedo montar en bici en el parque
d. Puedo acostarme tarde.   e. No puedo tomar el desayuno / No puedo desayunar.
f. Puedo ir al colegio en bicicleta.   g. Puedo levantarme temprano.

5. Translate the sentences into Spanish using *quiero / tengo que / puedo* + infinitive

a. Tengo que trabajar.   b. No quiero ducharme.   c. No puedo ir a la fiesta.
d. Tengo que arreglar mi dormitorio.   e. Quiero ver la televisión.   f. No quiero ir de pesca.
g. No puedo levantarme temprano.   h. Quiero comer pizza.   i. No quiero jugar.   j. Tengo que volver a casa.
k. No quiero estudiar.   l. Tengo que hacer mis deberes.

6. Guided translation

a. Mañana tengo que ir de compras con mi madre.   b. Esta tarde no puedo salir con mis amigos.
c. Hoy no puedo jugar a videojuegos.   d. Hoy no quiero hacer mis deberes.
e. Este fin de semana quiero pasar tiempo con mi familia.   f. Entre semana debo levantarme temprano.
g. Esta mañana no puedo ir al colegio.   h. Mañana no quiero ir a la fiesta.

7. Translate the following text into Spanish

Hola. Me llamo Marisa / Mi nombre es Marisa. Voy a hablarte sobre mi rutina diaria.
Entre semana tengo que levantarme temprano porque debo coger el autobús para ir al colegio a las seis y media. Me levanto a las seis y me ducho enseguida. Luego tomo el desayuno. Por lo general, como dos huevos, una tostada y un plátano. Después de desayunar salgo de casa y cojo el autobús para ir al colegio.
Normalmente llego al colegio a las siete y media. Las clases empiezan a las siete y cuarenta / ocho menos veinte y terminan a las dos y veinte. Mi asignatura favorita es el español porque el profesor es muy bueno, guay y gracioso.
Vuelvo a casa a las tres. Después de volver/regresar descanso un poco, me ducho y luego tengo que hacer mis deberes o no puedo salir. A eso de las seis salgo con mis amigos. Normalmente vamos al centro comercial cerca de mi casa. Miramos escaparates, compramos ropa y chismorreamos sobre los chicos de nuestro colegio.
Debo volver a casa a las ocho para cenar. Después de cenar miro la televisión y luego me acuesto.

8. Write a 150 to 250 word text

Accept any suitable answers.

TERM 1 – BRINGING IT ALL TOGETHER – 2

1. Answer the following questions in English?

a. Cuenca, a city in Spain   b. Quite a big flat in the centre of the city
c. He always goes to the sports centre with his friends to play basketball
d. He goes shopping at the shopping mall or he watches a film at the cinema near his house with his friends
e. He brushes his teeth, he showers, puts on his uniform and eats cereal   f. In his bedroom
g. At 7 (if it's good weather!)   h. At 8   i. Going on holiday   j. He watches TV and reads a book

2. Find the Spanish equivalent in Enrique's text

a. Mi hermana se llama   b. Vivimos   c. Ya que   d. Sin embargo   e. A veces   f. Después
g. En mi dormitorio   h. Así que   i. Quiero leer   j. Mi mejor amigo   k. Él también   l. Al aeropuerto
m. Siempre ve

3. Complete the translation of paragraph 5

This **afternoon**, the weather is **bad** therefore I don't want **to go out** with my **friends** but I also don't want to read a **book**. I have to do chores and **help** at home and **after** I can play **videogames**. I am going **to play** with my **best** friend José at **8:00** – he also has to do his chores first. **Tonight**, I have to go to bed at **10:00** because **tomorrow** I have to get up **early**.

4. True (T), False (F) or Not Mentioned (NM)?

Ana and Estela are not friends.   **(F)** Estela has to do homework today. **(T)**
Ana doesn't have to do homework today. **(NM)**   Ana is going to a concert. **(NM)**
Estela is going out with her sister. **(T)**   Estela always goes out with her sister on Tuesdays. **(F)**
Ana has to go to bed early tonight. **(T)**   Ana likes to play videogames before school. **(T)**
Ana takes the bus to school at 7:45. **(F)**   Estela would not like to wake up early. **(T)**
Ana eats fruit at home. **(F)**   Estela drinks milkshakes. **(T)**   Ana cooks dinner every night. **(NM)**

5. Complete the statements

a. Ana must help **her mum at home**.   b. Estela **always** has a coffee with her sister on **Wednesdays**.
c. Ana has to wake up early **tomorrow**.   d. **Ana** takes the bus to school.
e. **Estela** always leaves the house at 8:15.   f. Estela goes online at **18:00**.

UNIT 3. Saying what I do at home

TRANSCRIPTS

1. Mosaic listening

e.g. A eso de las siete, desayuno en la cocina con mis hermanos.
a. Por lo general escucho música y hago los deberes en mi dormitorio.
b. Cuando tengo tiempo veo películas en el salón.
c. A menudo me meto en internet y juego en el ordenador en la sala de juegos.
d. A veces preparo la comida con mi madre en la cocina.
e. Todos los fines de semana, ayudo a mi padre en el jardín.

2. Listen and fill in the gaps

a. **Charlo** con mi madre a menudo en la cocina.   b. De vez en cuando juego a la Play en la sala de **juegos**.
c. Dos veces a la semana **monto** en bici.   d. A menudo preparo la comida en la **cocina**.
e. Siempre hago mis deberes en el **salón**.   f. Por lo general me ducho en el **cuarto** de baño de mis padres.
g. Cuando hace buen tiempo, **leo** revistas en el jardín.   h. Nunca **veo** la tele en **el** salón con mis padres.

3. Faulty translation

*e.g. A menudo charlo con mi hermano en **el comedor**.*
a. Ayudo a mi padre una vez a la semana **en el jardín**.   b. Juego a la Play todos los días **en la sala de juegos**.
c. Hago mis deberes **tres veces por semana** en el salón.
d. A menudo me meto en internet **en la habitación de mi hermano**.
e. **Me visto** todos los días en mi habitación.   f. **Siempre** preparo la comida en la cocina.
g. **Normalmente** monto en bici en el jardín.

4. Likely or Unlikely?

a. Me ducho en la cocina.   b. Veo la tele en mi dormitorio.   c. Desayuno en el comedor.
d. Preparo la comida en el cuarto de baño.   e. Pongo mi bici en el garaje.   f. Hago mis deberes en el salón.
g. Me lavo los dientes en el dormitorio de mis padres.   h. Monto en bici en la ducha.

5. Narrow listening

Part 1 – a. Todos los días me levanto a las cinco de la mañana. Luego **me ducho** y desayuno en el **jardín**. Después de eso, me lavo los dientes y preparo mi **mochila**. Luego, **me visto** y voy a la escuela a las **siete y media**. Normalmente, voy en **bicicleta**. Cuando **vuelvo a casa**, chateo por Skype con mi familia en Australia y me meto en internet en mi **habitación**.

Part 2 – b. Luego, **monto en bicicleta** en el jardín con mis dos **perros**. A veces veo **dibujos animados** y subo fotos a Instagram en **la habitación de mi hermano**. Por lo general, ceno a eso de las **ocho**. Después de cenar **veo películas** y luego me ducho. Entonces, leo mis **tebeos** favoritos y me acuesto a **medianoche**.

6. Answer the questions about Maya

Hola, soy Maya y tengo quince años. Entre semana siempre me levanto a las siete menos cuarto. Luego voy al colegio a pie con mi hermano. Mi asignatura favorita es el español porque es divertido, fácil y útil para el futuro. Después del colegio juego al baloncesto y hago pesas en el gimnasio. Cuando vuelvo a casa normalmente charlo con mi madre, a veces en la terraza y otras veces en la cocina. Hago mis deberes en el salón todos los días. Cuando ceno nunca veo la tele con mis padres porque ellos ven series muy aburridas. Después de la cena leo tebeos, chateo por Skype y subo vídeos a YouTube. Antes de acostarme me ducho y me lavo los dientes. Me acuesto a medianoche. ¡Adiós!

ANSWERS

Unit 3. Saying what I do at home: LISTENING

1. Mosaic listening

e.g. A eso de las siete desayuno en la cocina con mis hermanos.
a. Por lo general escucho música y hago los deberes en mi dormitorio.
b. Cuando tengo tiempo veo películas en el salón.
c. A menudo me meto en internet y juego en el ordenador en la sala de juegos.
d. A veces preparo la comida con mi madre en la cocina.
e. Todos los fines de semana ayudo a mi padre en el jardín.

2. Listen and fill in the gaps

a. **Charlo** con mi madre a menudo en la cocina.   b. De vez en cuando juego a la Play en la sala de **juegos**.
c. Dos veces a la semana **monto** en bici.   d. A menudo preparo la comida en la **cocina**.
e. Siempre hago mis deberes en el **salón**.   f. Por lo general me ducho en el **cuarto** de baño de mis padres.
g. Cuando hace buen tiempo, **leo** revistas en el jardín.   h. Nunca **veo** la tele en **el** salón con mis padres.

3. Faulty translation

*e.g. Often chats with his brother in the **dining room**.*
a. Helps father once a week **in the garden**.   b. **Plays on the PlayStation** every day in the games room.
c. Does homework **three times a week** in the living room.
d. **Often** goes on the internet **in his brother's room**.   e. **Gets dressed** every day in his bedroom.
f. **Always** prepares food in the kitchen.   g. **Normally** rides his bike in the garden.

4. Likely or Unlikely?

a. **U** - Me ducho en la cocina   b. **L** - Veo la tele en mi dormitorio.   c. **L** - Desayuno en el comedor.
d. **U** - Preparo la comida en el cuarto de baño.   e. **L** - Pongo mi bici en el garaje.
f. **L** - Hago mis deberes en el salón.   g. **U** - Me lavo los dientes en el dormitorio de mis padres.
h. **U** - Monto en bici en la ducha.

5. Narrow listening

a. **Every day** I get up at five in the morning. Then I **shower** and have breakfast in the **garden**. After that, I brush my teeth and **prepare** my **schoolbag**. Then, I **get dressed** and go to school at **7:30**. Normally, I go by **bike**. When I **return home**, I chat on Skype with my family in Australia and go on the internet in my **bedroom**.

b. Then, I **ride my bike** in the garden with my two **dogs**. Sometimes I watch **cartoons** and upload photos to Instagram in **my brother's room**. In general, I have dinner at around **8**. After dinner I **watch movies** and then shower. After that I read my favourite **comics** and go to bed at **midnight**.

6. Answer the questions about Maya

a. 6.45   b. On foot   c. Spanish   d. Basketball / Weights   e. On the terrace or in the kitchen
f. The living room   g. Watches TV with parents   h. Reads comics, chats on Skype, uploads videos on YouTube
i. Showers and brushes her teeth   j. Midnight

Unit 3. Saying what I do at home: VOCABULARY BUILDING

1. Match up

Leo tebeos – I read comics   **Veo películas** – I watch movies   **Preparo la comida** – I prepare food
Leo revistas – I read magazines   **Me visto** – I get dressed   **Charlo con** – I chat with   **Me lavo** – I wash myself
Me ducho – I shower

2. Complete with the missing words

a. Me **visto**   b. Leo **tebeos**   c. Leo **revistas**   d. Me lavo los **dientes**   e. Me **ducho**   f. **Preparo** la comida
g. Me **meto** en internet   h. Escucho **música**   i. **Subo** fotos a Instagram

3. Translate into English

a. In general I shower at around 7 in the morning.   b. I never prepare food.
c. Normally/usually I read magazines in the living room.   d. At around 7am I have breakfast in the dining room.
e. From time to time I chat with my mother in the kitchen.   f. I sometimes have breakfast in the kitchen
g. I sometimes play on the PlayStation with my brother in the games room.   h. I always leave the house at 8am.

4. Complete the words

a. Me d**ucho**   b. L**eo**   c. **C**harlo/**C**hateo   d. **P**reparo   e. **S**ubo   f. Me **lavo**   g. Me v**isto**   h. **J**uego   i. **S**algo
j. H**ago**   k. M**onto**   l. V**eo**

5. Classify the words/phrases below in the table below
Time phrases: a, b, c, j, k, o
Rooms in the house: d
Things you do in the bathroom: g, i
Free-time activities: e, f, h, l, m, n, p

6. In which room would you do the following activities?

Note: You might do these things in other rooms. Accept other logical answers. ☺

Juego a la Play en mi dormitorio.   **Veo la tele** en el salón.   **Me ducho** en el cuarto de baño.
Hago mis deberes en mi dormitorio.   **Me lavo los dientes** en el cuarto de baño.
Descanso en el jardín, el salón, mi dormitorio.   **Preparo la comida** en la cocina.

7. Complete the table

I get dressed – **Me visto**   I shower – **Me ducho**   **I do my homework** – Hago mis deberes
I upload photos – **Subo fotos**   **I leave the house** – Salgo de casa
I chat with my brother – Charlo con mi hermano   I rest – **Descanso**

8. Multiple choice quiz

Nunca – **Never**   A veces – **Sometimes**   Dormitorio – **Bedroom**   Me lavo – **I wash**   Me ducho – **I shower**
Descanso – **I rest**   Jardín – **Garden**   Cocina – **Kitchen**   Juego – **I play**   Leo – **I read**   Salgo – **I go out**
Siempre – **Always**

9. Anagrams

*e.g. **Nunca** – Never*
a. **Cocina** – Kitchen   b. **Salgo** – I go out   c. **Leo** – I read   d. **Siempre** – Always
e. **Subo fotos**– I upload photos   f. **Me lavo** – I wash myself

10. Broken words

a. La co**cina**   b. Nun**ca**   c. A vec**es**   d. Sie**mpre**   e. A men**udo**   f. Los te**beos**   g. Mi dor**mitorio**   h. Sa**lgo**
i. Ch**arlo**

11. Complete with the missing word

a. A e**so** de las s**iete** y media, me **lavo los d**ientes   b. A e**so** de las o**cho** y cuarto, d**esayuno.**
c. A v**eces** preparo la **comida.**   d. S**iempre** veo la **tele** mientras d**esayuno.**
e. **Por** lo g**eneral** s**algo** de casa a las o**cho** y media.   f. **Leo tebeos** raramente.
g. A e**so** de las **cinco** hago m**is d**eberes.

12. Gap-fill from memory

a. A veces **leo** tebeos.   b. Siempre me **lavo** los dientes después de comer.   c. **Veo** series en Netflix todos los días.
d. Nunca **leo** revistas de moda.   e. Nunca **hago** mis deberes.   f. **Subo** fotos a Instagram a menudo.
g. Los fines de semana **monto** en bici.   h. **Salgo** de casa a eso de las ocho.   i. **Escucho** música a menudo.

Unit 3. Saying what I do at home: READING

1. Answer the following questions about Fabián

a. From Gibraltar   b. A dog   c. He goes to the gym and does sport
d. He never plays football and never does any sport   e. In the living room   f. His mum   g. In his bedroom

2. Find the Spanish equivalent in Eduardo's text

a. Me levanto   b. Luego me ducho   c. Voy al colegio   d. A caballo   e. Me meto en internet
f. Sube videos a TikTok   g. Bailes nuevos   h. Siempre charlo

3. Find someone who

a. Eduardo   b. Fabián   c. Eduardo   d. Valentino   e. Fabián   f. Valentino   g. Eduardo   h. Eduardo

4. Find the Spanish equivalent in Valentino's text

a. Soy italiano   b. Me despierto temprano   c. No desayuno nada   d. Valeria desayuna cereales
e. En el comedor   f. En el salón   g. Veo videos de TikTok

Unit 3. Saying what I do at home: WRITING

1. Split sentences

Charlo **con mi madre.**   Descanso en **mi dormitorio.**   Preparo la **comida.**   Subo fotos **a Instagram.**
Hago mis **deberes.**   Me levanto muy **temprano.**   Juego en mi **ordenador.**   Me lavo **los dientes.**

2. Complete with the correct option

a. Me levanto a las seis de la **mañana.**   b. Juego al fútbol en el **jardín.**   c. Veo la tele en el **salón.**
d. Escucho música en mi **dormitorio.**   e. Preparo la **comida** con mi padre.   f. Me **lavo** los dientes.
g. **Veo** dibujos animados.   h. **Voy** al colegio a caballo.

3. Spot and correct the grammar and spelling mistakes

a. Me duch**o** en el cuarto de ba**ño.**   b. Desayuno en la co**c**ina.   c. En mi dormitori**o.**   d. Juego en **el**
ordena**d**or.   e. Sal**g**o **de** casa a **las** ocho.   f. Hago mi**s** deberes.   g. Veo seri**e**s en Netflix.
h. Voy **al** colegio a ca**b**allo.   i. El dormitorio **de** mi hermano.

4. Complete the words

a. Des**ayuno**   b. La co**c**ina   c. Mi d**ormitorio**   d. El **garaje**   e. S**algo** de casa   f. En el s**alón**
g. En el **comedor**   h. En el **cuarto** de baño   i. V**eo películas** en el d**ormitorio** de mi **hermano**

5. Guided writing

Gonzalo: Me llamo Gonzalo, me levanto a las seis y cuarto, me ducho en el cuarto de baño y desayuno en la
cocina. Voy al colegio con mi hermano. Por la tarde, veo la tele en el salón y preparo la comida en la cocina.
Mauricio: Me llamo Mauricio. Me levanto a las siete y media. Me ducho en la ducha y desayuno en el comedor.
Voy al colegio con mi madre. Por la tarde, leo un libro en mi dormitorio y chateo con mi amigo por Whatsapp.
Isidora: Me llamo Isidora. Me levanto a las siete menos cuarto, me ducho en el cuarto de baño y desayuno en el
salón. Voy al colegio con mi tío. Por la tarde escucho música en el jardín y subo fotos en Instagram.

TERM 1 – BRINGING IT ALL TOGETHER – 3

1. Answer the following questions in English

a. His parents, his older brother, his younger sister and his grandmother.
b. His older brother because he is very nice. His younger sister because she is kind and funny.
c. He plays football with his friends in the park or at the sports centre.
d. He plays video games at home with his siblings.   e. He has to help at home.   f. At 8am.
g. On the terrace.   h. He prepares the food in the kitchen at 12:30.
i. Watches a film in the living room with his family.   j. It is his friend's birthday.

2. Find the Spanish equivalent in Pedro's text

a. Mi hermana menor   b. Porque es   c. En el polideportivo   d. Cuando llueve   e. Tengo que   f. Me ducho
g. Los fines de semana   h. Todos los sábados   i. Nunca me ayuda   j. Vamos   k. En mi barrio   l. Hoy
m. Nunca come

3. Complete the translation of paragraph 4

At **weekends**, I eat **fruit** for breakfast on the **terrace** with my mum at **9:00** and I **read comics** in the living room. **After**, I play on the PlayStation in my **bedroom** or, at times, I watch **series** on Netflix. **Every** Saturday, I **prepare** food in the **kitchen** at **12:30** because I like to cook. My **brother** never **helps** me!

4. True (T), False (F) or Not Mentioned (NM)?

Laura watches films with her sister. **(F)**   Álvaro does his homework before watching TV. **(T)**
Álvaro watches Netflix in the living room. **(F)**   Álvaro reads comics every Sunday morning. **(F)**
Álvaro eats dinner with his family in the dining room. **(T)**   Laura loves comics as well. **(T)**
Laura reads books at 11:00. **(NM)**   Laura's cousin is called Tomás. **(NM)**   Álvaro has a cousin. **(T)**
Álvaro reads comics while his mum makes dinner. **(F)**   Laura wants to buy two new comics. **(F)**
Álvaro needs to ask for permission. **(T)**   Álvaro is allowed to go with Laura to the shop. **(T)**

5. Complete the statements

a. Laura relaxes in the **living room** after riding her bike.   b. Álvaro **never** rides his bike when it's **raining**.
c. **Álvaro's** cousin reads sports magazines every day.
d. Álvaro's cousin reads sports magazines in the **kitchen**.   e. **Laura** invited **Álvaro** to the bookshop.

TERM 1 – MIDPOINT – RETRIEVAL PRACTICE

1. Answer the following questions in Spanish

Accept any correct answer.

2. Write a paragraph in the first person singular (I) using the details below

Hola, me llamo Mike. Tengo catorce años y soy de Inglaterra. Cuando hace buen tiempo me gusta jugar al fútbol. Cuando hay tormenta me quedo en casa y hago mis deberes. Cuando hace calor mi amigo Miguel va a la playa. Entre semana me levanto a las siete, me ducho y me lavo los dientes. A las ocho desayuno cereales.
Hoy no puedo ir al cine con mi amigo porque tengo que hacer las tareas domésticas y ayudar en casa. Esta tarde quiero ver la televisión. Cuando tengo tiempo leo revistas en mi dormitorio. Todos los días veo películas en el salón.

"

UNIT 4. Talking about the clothes I wear

TRANSCRIPTS

1. Listen and fill in the gaps

a. En casa **llevo** un chándal.   b. En la playa llevo un **bañador**.   c. En el gimnasio llevo una **camiseta**.
d. Nunca llevo **botas**.   e. Cuando hace frío llevo una **bufanda**.   f. En la discoteca llevo una **camisa**.
g. Mi hermano siempre **lleva** zapatillas de deporte.   h. Mi novia lleva **ropa elegante**.

2. Mystery WORDS

a. Una **bufanda**   b. Una **camisa**   c. Una **falda**   d. Un **abrigo**   e. Un **jersey**   f. Un **traje**   g. Un **bañador**

3. Listening for detail

Hola soy Dylan y cuando hace frío llevo una bufanda, un abrigo y botas. No me gusta nada el frío. Cuando salgo con mi novia llevo una camisa y pantalones, pero si salgo con mis amigos llevo una chaqueta deportiva y zapatillas de deporte. Cuando me quedo en casa llevo una camiseta, unos vaqueros y pantuflas.

4. Spot the differences and correct your text

Me llamo Alejandra. Tengo **dieciocho** años. Soy **muy** deportista y tengo ropa de muchos colores y **estilos** diferentes.
Prefiero la ropa de **buena** calidad pero no muy **cara**. Por lo general, en casa llevo un **jersey** o una camiseta, **vaqueros** y zapatillas de deporte o **pantuflas**. Cuando voy al gimnasio, llevo un **chándal** y zapatillas de deporte **negras**. Tengo **ocho** chándales diferentes. **No** son de marca porque las marcas me **dan igual**. Cuando salgo con mis amigos **llevo** una chaqueta **deportiva**, vaqueros y zapatillas de deporte. Cuando salgo con mi **novio** me pongo vestidos elegantes y **cómodos** y mis **zapatos** favoritos. También son **bonitos** y cómodos.

5. Narrow listening

Part 1 – a. Por lo general, en invierno, en casa llevo un **jersey**, pantalones **viejos** y **pantuflas**. En verano, en cambio, llevo una **camiseta**, **pantalones cortos** y **chanclas**. Tengo mucha **ropa deportiva** pero también ropa **elegante**. Me gusta la ropa **de marca** pero es muy cara, así que no tengo **mucha**.
Part 2 – b. Cuando salgo con mis amigos o con mi **novia** en **verano**, llevo una camiseta **guay**, **vaqueros**, zapatillas de deporte y **gafas de sol**. Sin embargo, en **primavera** llevo un abrigo, vaqueros Levi's y **botas**.

6. Listen to Diego's description of himself and his family and answer the questions in English

Hola, soy Diego y soy de Cádiz. Tengo dos hermanos, uno menor y otro mayor. Mis comidas favoritas son helados, miel y pasteles. Es porque me encanta la comida dulce. Normalmente llevo una camiseta guay, unos pantalones cortos y unas chanclas. Mis zapatos favoritos son unas zapatillas de deporte negras. Mi hermano mayor lleva vaqueros con chanclas todos los días. Mi prima Vero es abogada, siempre lleva vestidos y trajes elegantes.

7. What are they wearing?

1. Mi amiga Paola siempre lleva una bufanda, un jersey, una falda y botas.
2. Mi hermana Eva lleva un collar, una camiseta, vaqueros y zapatillas de deporte.
3. Mi primo Silvio es abogado. Para ir al trabajo, lleva un traje, una camisa, una corbata y unos zapatos negros.

8. Fill in the grid

(1) Hola, soy Vero. Hace dos días compré un traje para el trabajo. Es de color azul marino y muy elegante. Me costó 50 euros. **(2)** Hola, soy Ana. Ayer compré unas zapatillas de deporte para ir al gimnasio. Son blancas y verdes y muy cómodas. Solo me costaron 45 euros. **(3)** Hola, soy Pepe. Hace tres días compré una camisa para salir con mi novia. Es de color gris oscuro y muy bonita. Me costó 5 euros. ¡Muy barato! **(4)** Hola, soy Maite y la semana pasada compré unos zapatos de tacón para una fiesta de cumpleaños. Son negros y dorados pero no muy cómodos. ¡Me costaron 87 euros!

ANSWERS

Unit 4. Talking about the clothes I wear: LISTENING

1. Listen and fill in the gaps

a. En casa **llevo** un chándal.   b. En la playa llevo un **bañador**.   c. En el gimnasio llevo una **camiseta**.
d. Nunca llevo **botas**.   e. Cuando hace frío llevo una **bufanda**.   f. En la discoteca llevo una **camisa**.
g. Mi hermano siempre **lleva** zapatillas de deporte.   h. Mi novia lleva **ropa elegante**.

2. Mystery WORDS

a. Una **bufanda**   b. Una **camisa**   c. Una **falda**   d. Un **abrigo**   e. Un **jersey**   f. Un **traje**   g. Un **bañador**

3. Listening for detail

Lo que llevo cuando hace frío: una bufanda, un abrigo, botas.
Lo que llevo cuando salgo con mi novia: una camisa, pantalones.
Lo que llevo cuando salgo con mis amigos: una chaqueta deportiva y zapatillas de deporte.
Lo que llevo cuando me quedo en casa: una camiseta, unos vaqueros y pantuflas.

4. Spot the differences and correct your text

Me llamo Alejandra. Tengo ~~diecisiete~~ **dieciocho** años. Soy ~~bastante~~ **muy** deportista y tengo ropa de muchos colores y ~~tipos~~ **estilos** diferentes.

Prefiero la ropa de ~~mala~~ **buena** calidad pero no muy ~~barata~~ **cara**. Por lo general, en casa llevo un ~~chándal~~ **jersey** o una camiseta, ~~pantalones~~ **vaqueros** y zapatillas de deporte o ~~botas~~ **pantuflas**.

Cuando voy al gimnasio, llevo un ~~abrigo~~ **chándal** y zapatillas de deporte ~~blancas~~ **negras**. Tengo ~~seis~~ **ocho** chándales diferentes. **No** son de marca porque las marcas me ~~encantan~~ **dan igual**.

Cuando salgo con mis amigos ~~me pongo~~ **llevo** una chaqueta ~~negra~~ **deportiva**, vaqueros y zapatillas de deporte.

Cuando salgo con mi ~~hermano~~ **novio** me pongo vestidos elegantes y ~~aburridos~~ **cómodos** y mis ~~patos~~ **zapatos** favoritos. También son ~~feos~~ **bonitos** y cómodos.

5. Narrow listening

a. Usually, in the winter at home I wear a **jumper**, **old** trousers and **slippers**. In the summer, instead, I wear a **t-shirt**, **shorts** and **flip-flops**. I have a lot of **sports clothes** but also some **elegant** clothes. I like **branded/designer** clothes but they are very expensive so I don't have **a lot**.

b. When I go out with my friends or with my **girlfriend** in the **summer**, I wear a **cool** t-shirt, **jeans**, trainers and **sunglasses**. In the **spring** however, I wear a coat, Levi's jeans and **boots**.

6. Listen to Diego's description of himself and his family and answer the questions in English

a. Cádiz   b. Two   c. Honey, ice cream and cakes   d. He loves sweet food   e. (Cool) t-shirt, shorts and flip-flops
f. Black trainers   g. His older brother   h. His cousin Vero

7. What are they wearing?

Paola - a scarf, a jumper, a skirt, boots
Eva - a necklace, a t-shirt, jeans, trainers
Silvio - a suit, a shirt, a tie and black shoes

8. Fill in the grid

Vero – suit, work, **navy blue**, elegant, 50 euros
Ana – trainers, gym, green and white, comfortable, 45 euros
Pepe – shirt, go out with girlfriend, **dark grey**, pretty, 5 euros
Maite – high-heeled shoes, birthday party, black and golden, not comfy, **87 euros**

Unit 4. Talking about the clothes I wear: VOCABULARY BUILDING

1. Match up

Unos pendientes – Some earrings   **Una camiseta** – A t-shirt   **Un vestido** – A dress
Unos zapatos – Some shoes   **Unos pantalones** – Some trousers   **Un traje** – A suit
Una gorra – A baseball cap

2. Translate into English

a. I wear a black t-shirt.   b. I wear a grey suit.   c. I don't wear trainers.   d. I wear a blue baseball cap.
e. I don't wear a watch.   f. I never wear earrings.   g. I wear a tracksuit.   h. I never wear suits.
i. I always wear sandals.   j. I never wear hats.   k. My brother always wears jeans.

3. Complete with the missing word

a. En casa **llevo** una **camiseta.**   b. En el colegio llevo un **uniforme negro.**
c. En el gimnasio **llevo** un chándal **rosa.**   d. En la **playa** llevo un **bañador.**
e. **En la** discoteca llevo un **vestido** negro.   f. Raramente **llevo** zapatillas **de deporte.**   g. Nunca **llevo** trajes.

4. Anagrams [clothes and accessories]

a. Una **gorra**   b. Un **reloj**   c. Un **traje**   d. Unos **pendientes**   e. Unos **zapatos**   f. Una **camiseta**
g. Unos **vaqueros**   h. Un **chaleco**   i. Unas **pantuflas**   j. Un **vestido**   k. Un **sombrero**   l. Un **collar**

5. Associations

a. La cabeza – **Gorra, sombrero**   b. Los pies – **Zapatos, calcetines, botas**   c. Las piernas – **Pantalones, falda**
d. El cuello – **Collar, bufanda, corbata**   e. El torso – **Chaqueta, camiseta, chaleco, camisa**
f. Las orejas – **Pendientes**   g. La muñeca – **Reloj**

6. Complete

a. Llevo bo**tas**   b. En **casa**   c.Tengo un r**eloj**   d. Llevo una **corbata** roja   e. Llevo un t**raje** azul
f. Mi hermano lleva un ch**aleco**   g. Ella siempre lleva vestidos **negro**s

Unit 4. Talking about the clothes I wear: READING

1. Find the Spanish equivalent in Conchita's text

a. Soy de   b. Deportista   c. Mucha ropa   d. La ropa de buena calidad   e. Un chándal   f. Cuando salgo
g. Con mi novio   h. Pendientes   i. Un vestido rojo o negro   j. Zapatos de tacón

2. Find the Spanish equivalent in Miguel's text

a. Cuando voy   b. Llevo una camisa   c. Una camiseta y vaqueros   d. En casa   e. Por lo general
f. Camiseta sin mangas   g. Zapatillas de deporte   h. Con mis amigos.   i. Una chaqueta
j. Unos pantalones negros

3. Complete the following statements about Renaud

a. He is **13** years old   b. He loves buying **clothes**   c. He has many branded **shoes**
d. When it's cold he wears a coat and a **pair** of **black** or **purple trousers**
e. Sometimes he wears a **sports jacket**

4. Answer the questions about Gerda (in Spanish)

a. Se llama Gerda   b. Es de Alemania   c. Tiene doce años   d. Le gusta la ropa bonita pero no demasiada cara
e. De Zara   f. Lleva una chaqueta deportiva y un chándal   g. Una camiseta y pantalones cortos

5. Find someone who

a. Renaud   b. Gerda   c. Miguel   d. Conchita   e. Conchita   f. Miguel   g. Conchita   h. Miguel

Unit 4. Talking about the clothes I wear: WRITING

1. Split sentences

En casa llevo un chándal.   **Cuando hace** frío llevo una bufanda.
En el gimnasio llevo una camiseta y pantalones cortos.   **Cuando hace calor llevo** una camiseta sin mangas.
Nunca llevo vaqueros Levi's.   **Cuando voy a la discoteca** llevo zapatos de tacón.   **Llevo pantalones** negros.
Llevo una camisa negra.

2. Complete with the correct option

a. **Cuando** salgo con mi **novio** llevo ropa bonita pero cómoda.   b. En el colegio **llevo** un uniforme azul.
c. En el gimnasio llevo **zapatillas** de deporte.   d. En la playa llevo un **bañador**.
e. Cuando **hace** calor llevo una **camiseta** sin mangas.   f. En casa llevo **un** chándal.
g. Cuando hace mucho frío llevo un **abrigo**.   h. **Nunca** llevo botas.

3. Spot and correct the grammar and spelling mistakes

a. Cuando salgo **con** mis padres llevo un vestido elegante.   b. En casa llevo **un** chándal.
c. Tengo mucho**s** zapatos.   d. Mi hermano siempre lleva vaqueros.   e. En el colegio **llevo** un uniforme gris.
f. Me da igual **la** ropa de marca.   g. Cuando voy al centro co**m**ercial, por lo general llevo un**a** chaqueta
deportiva.   h. Siempre llevo zapatillas **de** deporte.

4. Complete the words

a. **F**alda   b. **T**raje   c. **P**endientes   d. **P**antalones   e. **Z**apatos   f. **Bufanda**   g. **Chándal**

5. Guided writing

Amparo: Me llamo Amparo y vivo en Madrid. Siempre llevo vestidos negros y nunca llevo pantalones. Odio
llevar pendientes.
Jorge: Me llamo Jorge y vivo en Pamplona. Siempre llevo camisetas blancas y nunca llevo abrigo. Odio llevar
reloj.
Julio: Me llamo Julio. Vivo en Valencia. Siempre llevo vaqueros y nunca llevo pantalones cortos. Odio llevar
bufandas.

6. Describe this person in Spanish using the 3ʳᵈ person [he]

Se llama Juan y vive en Londres. Tiene veinte años. Tiene una araña negra. Tiene el pelo rubio y los ojos verdes.
Siempre lleva traje y nunca lleva vaqueros. En el gimnasio lleva un chándal Adidas.

TERM 1 – BRINGING IT ALL TOGETHER – 4

1. Answer the following questions in English

a. In the south of Spain.   b. His mother, his twin brothers and his grandad.   c. He gets up at 6:45.
d. He always goes to the sports centre to play tennis with his friends.   e. No.   f. A tracksuit or jeans.
g. Shirt, suit, waistcoat.   h. Blue.   i. A white sports jacket.   j. Football shirts and a tracksuit.

2. Find the Spanish equivalent in Tomás' text

a. Son divertidos   b. Puede ser   c. Me peino   d. Cenamos   e. Todos los días   f. Cuando hace frío
g. Nunca llevo   h. Es amarilla   i. Jugar   j. Cuando llueve   k. Siempre llevan   l. Muy gracioso
m. La única diferencia

3. Complete the translation of paragraph 4

At **home**, I **like** to wear **comfortable** clothing, therefore I **never** wear a shirt, nor a **suit**, nor a **waistcoat**.
Usually, I wear a **tank top**, shorts and **sandals**. **Sometimes**, I wear a **blue** baseball cap. My **favourite** t-shirt is
my Cádiz jersey; it is **yellow** and **it has** ¨MÁGICO 11" on the back.

4. True (T), False (F) or Not Mentioned (NM)?

Diego must wear uniform. **(T)**   José David chooses what to wear to school. **(T)**
Diego would prefer not to wear uniform. **(T)**   Diego likes his uniform. **(F)**
Diego has to wear orange trousers. **(F)**   José David wears uniform to church. **(NM)**
Diego doesn't have to wear uniform when it's hot. **(F)**   Diego wears an orange hat. **(F)**
José David wears trainers to school. **(T)**   José David wears a tracksuit when it's cold. **(T)**
The boys wear similar clothes to school. **(T)**   Diego thinks José David is ugly. **(NM)**
José David's cousin wears a green suit to school. **(F)**

5. Complete the statements

a. Diego is **jealous** of José David.   b. Diego's uniform is white and **green**.
c. Diego wears a green **hat** when it's hot.   d. José David wears **shorts** and t-shirt when it's **hot**.
e. José David's cousin's suit is **grey** and his tie is **green**.

UNIT 5. My weekend plans – food & leisure

TRANSCRIPTS

1. Multiple choice

e.g. Este fin de semana voy a hacer deporte.
a. El sábado que viene voy a **ir a un concierto**. Creo que será muy interesante.
b. Este domingo voy a **tocar la guitarra**.
c. Este fin de semana mi familia y yo vamos a **ir a un restaurante**. ¡Qué guay!
d. Este finde voy a **jugar a videojuegos** con mi amigo.
e. El próximo jueves mi familia y yo vamos a **ver un partido de fútbol** en el estadio.
f. Este sábado voy a **tocar el piano**. Creo que será muy divertido.
g. Este sábado voy a **ir al centro comercial** con mi novia.

2. Complete the words

a. Sá**bado**   b. Gui**tarra** c. **C**oncierto   d. Aburri**do**   e. **E**lmuerzo   f. **E**nsalada   g. Pollo a**s**a**do**
h. Un **vaso** de le**che**

3. Fill in the blanks

a. Para el **desayuno** me gusta **comer** una tostada.   b. Para el almuerzo **suelo** comer un **bocadillo**.
c. Para **la** cena voy a comer **pescado**.   d. Para el **almuerzo** me gusta beber **té**.
e. Para **el** desayuno suelo **beber** chocolate caliente.   f. Después de la **cena** me gusta beber **café**.
g. Voy a desayunar **cereales** con **leche**.

4. Spot the intruders

Hola, soy Manu. Soy de Santa Cruz del Comercio. Este fin de semana voy a hacer deporte y jugar al fútbol con mis amigos. Creo que será muy divertido y no será nada aburrido. Después, voy a comer el almuerzo. Para el almuerzo me gusta comer fruta y beber agua. Para la cena voy a comer pollo asado.

5. Faulty translation

*e.g. **Este fin de semana** voy a jugar al fútbol.*
a. Este fin de semana **mi familia y yo vamos** a tocar el piano.   b. **Creo que** será muy divertido.
c. **Para el desayuno** me gusta comer fruta.   d. Para la cena suelo beber **zumo de naranja**.
e. **Este sábado** voy a ver un partido de fútbol.   f. Para el almuerzo **suelo comer** un bocadillo.
g. Creo que será **muy** emocionante.   h. Para la cena voy a comer **pescado**.

6. Narrow listening

a. Hola, soy Tomás. Soy de Barcelona y tengo trece años. Este fin de semana, voy a ir al centro comercial con mi familia. Creo que será muy divertido ya que me encanta ir de compras. Para el desayuno me gusta comer cereales con leche y para el almuerzo me gusta comer un bocadillo. Para la cena suelo beber zumo de naranja y comer pescado.

b. Buenos días. Me llamo Sandra y vivo en Albacete. Me encanta el deporte - este fin de semana voy a jugar al fútbol en el polideportivo con mis amigos. Creo que será muy emocionante. Para el desayuno, voy a tomar un vaso de leche. Para el almuerzo, no voy a tomar nada y para la cena suelo comer pollo asado.

c. Hola, soy Samuel. ¿Qué voy a hacer este finde? Pues, este fin de semana mi familia y yo vamos a ir a un concierto en el centro de la ciudad. Creo que no será nada aburrido. El sábado por la mañana voy a tomar una magdalena y chocolate caliente. Para el almuerzo voy a comer pollo asado con patatas. Para la cena me gusta comer en un restaurante.

7. Gapped translation

Hola, me llamo Jose Luis y soy de Elche, una **ciudad** en el **este** de España. ¡Me encanta **la música**! Este **fin de semana** voy a tocar el **piano** y la **guitarra** y creo que **será** muy **divertido** e interesante. No será nada **aburrido**. También me gusta **la comida**. Para **el desayuno, suelo** tomar cereales con leche y una taza de **chocolate caliente**. Para **el almuerzo**, voy a comer un **bocadillo de jamón** y queso y beber mucha **agua**. Para cenar, me gusta comer en **casa** y suelo comer **pollo asado** o **pescado** con arroz - ¡qué **delicioso**!

8. Listen to Leo and answer the questions in English

Part 1 – a. Buenas, soy Leo y vivo en Puerto Rico. Este fin de semana voy a hacer muchas cosas. Primero voy a hacer los deberes en casa y después voy a ver un partido de fútbol en el estadio local. También voy a jugar a videojuegos con mis amigos. Creo que será super divertido y muy emocionante.

Part 2 – b. Para desayunar suelo tomar queso y zumo de naranja. Para el almuerzo me gusta comer un bocadillo de jamón y mucha fruta. También me gusta beber un café. Para la cena voy a comer calamares a la plancha y una ensalada verde y para postre voy a comer más fruta. Para beber voy a tomar un té.

ANSWERS

Unit 5. My weekend plans – food & leisure: LISTENING

1. Multiple choice

e.g. Do sport
a. Go to a concert   b. Play the guitar   c. Go to a restaurant   d. Play videogames
e. Watch a football match   f. play the piano. g. Go to the mall

2. Complete the words

a. Sábado   b. Guitarra   c. Concierto   d. Aburrido   e. Almuerzo   f. Ensalada   g. Pollo asado
h. Un vaso de leche

3. Fill in the blanks

a. Para el **desayuno** me gusta **comer** una tostada.   b. Para el almuerzo **suelo** comer un **bocadillo**.
c. Para **la** cena voy a comer **pescado**.   d. Para el **almuerzo** me gusta beber **té**.   e. Para **el** desayuno suelo **beber** chocolate caliente.   f. Después de la **cena** me gusta beber **café**.   g. Voy a desayunar **cereales** con **leche**.

4. Spot the intruders

Hola, soy ~~me~~ Manu. Soy de Santa Cruz del ~~la~~ Comercio. Este ~~el~~ fin de semana voy ~~vamos~~ a hacer deporte y jugar al ~~el~~ fútbol con mis ~~los~~ amigos. Creo que será muy ~~un poco~~ divertido y no será nada ~~interesante~~ aburrido. Después, ~~ir~~ voy a comer el ~~la~~ almuerzo. Para el almuerzo me gusta ~~gusto~~ comer fruta y beber agua. Para la cena voy a comer pollo ~~y~~ asado.

5. Faulty translation

*e.g. **This weekend** I am going to play football.*
a. This weekend **my family and I** are going to play the piano.   b. **I think that** it will be very fun.
c. **For breakfast** I like to eat fruit.   d. For dinner I tend to drink **orange juice.**
e. **This Saturday** I am going to watch a football match.   f. For lunch **I tend to** eat a sándwich.
g. I think that it will be **very** exciting.
h. For dinner I am going to each **fish.**

6. Narrow listening

a. Tomás: go to the shopping mall with family; very fun; cereal with milk; a sandwich; orange juice and fish
b. Sandra: play football with friends; very exciting; a glass of milk; nothing; roast chicken
c. Samuel: go to a concert with family; not boring at all; a cupcake and hot chocolate; roast chicken and chips; in a restaurant

7. Gapped translation

Hello, my name is José Luis and I am **from** Elche, a **city** in the **east** of Spain. I love **music**! This **weekend** I am going to play the **piano** and the **guitar** and I think that **it will be** very **fun** and interesting. It won't be **boring** at all. I also like **food**. For **breakfast**, I **tend** to have **cereal** with milk and a mug of **hot chocolate**. For **lunch**, I am going to eat a **ham** and cheese **sandwich** and **drink** lots of **water**. For dinner, I like to eat at **home** and I tend to eat **roast chicken** or **fish** with rice – how **delicious**!

8. Listen to Leo and answer the questions in English

Part 1 – a.
1. Puerto Rico   2. Do homework   3. Watch a football match/play videogames
4. It will be super fun and very exciting
Part 2 – b.
1. Orange juice   2. A coffee   3. A ham sandwich/lots of fruit   4. Squid (grilled) / Salad (green)   5. More fruit.
6. Tea

Unit 5. My weekend plans – food and leisure: VOCAB BUILDING

1. Match

Este fin de semana – This weekend   **Mi familia y yo** – My family and I   **Hacer deporte** – To do sport
Creo que será – I think it will be   **Voy a** – I am going to   **Ver un partido** – To watch a match
Muy aburrido – Very boring   **Para el desayuno** – For breakfast   **Me gusta** – I like
Suelo tomar – I tend to have   **Beber agua** – To drink water   **Para la cena** – For dinner
Bastante divertido – Quite fun

2. Complete the words

a. El sábado   b. Voy a   c. Tocar el piano   d. Ir de compras   e. Jugar al fútbol   f. Creo que será
g. Para el desayuno   h. El almuerzo   i. Beber zumo   j. Comer jamón   k. Hacer los deberes

3. Break the flow

a. Voy a hacer deporte.   b. Creo que será muy interesante.   c. Me gusta comer pescado.
d. Voy a jugar al fútbol.   e. No voy a tocar la guitarra.   f. Suelo tomar un vaso de leche.
g. Voy a comer pollo asado.   h. No voy a beber café.   i. Vamos a ir de compras.

4. Complete with the missing words

a. ¿Qué vas a hacer este **fin** de semana?   b. Este fin de semana voy a hacer **deporte**.
c. Este sábado voy a **jugar** a videojuegos.   d. El domingo que viene voy a tocar la **guitarra**.
e. ¿Cómo crees que **será**?   f. Creo **que** será muy emocionante.   g. ¿Qué vas a **comer** para el desayuno?
h. Voy a comer **jamón** y queso.   i. Para la **cena** voy a comer un bocadillo.   j. ¿Qué te **gusta** beber?
k. Me gusta beber **zumo** de naranja.   l. También voy a **ir** al centro comercial.
m. Mi familia y yo vamos a ir a un **concierto**.

5. Spot and correct the nonsense sentences

a. Este **fin de semana** voy a jugar al fútbol.   b. Este sábado voy a **jugar al** fútbol.
c. Mi familia y yo vamos a **tocar** el piano.   d. Este fin de semana voy a jugar al **fútbol**.
e. Creo que será muy **aburrido**.   f. Para el desayuno voy a **beber** café.   g. Para la **cena** voy a comer **fruta**.
h. No voy a **hacer** los deberes.

6. Sentence puzzle

a. Este fin de semana voy a jugar al fútbol.   b. Este domingo voy a tocar la guitarra.
c. Creo que será un poco aburrido.   d. Mi familia y yo vamos a ir de compras.
e. Para el desayuno voy a comer fruta.   f. Para el almuerzo suelo comer un bocadillo.
g. Para la cena no voy a comer pescado.   h. ¿Qué sueles comer para el almuerzo?
i. ¿Qué vas a hacer este fin de semana?   j. Creo que no será nada divertido.

7. Gapped translation

a. This **weekend** I am going to play the **guitar**.   b. This **Saturday** I am going to **watch** a match.
c. I **think** that it will be exciting and **interesting**.   d. I don't think that it **will** be **boring** at all.
e. For **breakfast** I like to eat cereal with **milk**.   f. For lunch I **tend** to eat a slice of **toast**.
g. For **dinner** I don't like to **eat** roast chicken.   h. My **family** and I are going to go to a **concert**.
i. **Next** Saturday I am going to go **shopping**.   j. **This** Sunday I am going to do **many** things.
k. What do **you** tend to eat for **lunch**?

8. Translate into English

a. This weekend   b. I am going to do homework   c. I am going to play videogames
d. We are going to watch a match   e. I think it will be boring   f. This Saturday   g. For breakfast
h. I like to eat roast chicken   i. I am going to drink hot chocolate   j. I don't tend to drink a glass of milk

9. Guided translation

a. This **weekend** I am going to play the **guitar**.   b. **Next** Sunday I am going to **go to** a concert.
c. I **think** that it will be **quite** interesting.   d. For **breakfast** I like to eat **honey**.
e. For **lunch** I am going to eat a **salad**.   f. For **dinner** I don't **tend** to eat chicken.
g. **This** weekend I am going to watch a **match**.   h. Next **Saturday** I am going to go **shopping**.
i. This **Sunday** I am going to **play** the piano.   j. I don't think it **will** be **boring** at all.

Unit 5. My weekend plans – food and leisure: READING 1

1. Answer the following questions

a. In Granada, in the south of Spain   b. Her parents, her older sister and her younger brother
c. They are all nice; they do many things together   d. Play guitar in her bedroom   e. Watch a series on Netflix
f. A pop-rock band   g. Go shopping with her family   h. New clothes   i. Go to a Rosalía concert
j. Sunday morning   k. Cereal with milk or a cupcake   l. Tennis and swimming

2. Complete the translation of paragraph 4

At **night**, I **have** plans with my **friends**. We are going to **go to** a Rosalía **concert** at the **stadium** in the **city**
centre. The concert starts at **8:30** so **we** are **going** to arrive at the stadium at **7:45** to **buy** a
t-shirt or a bracelet. **After** the concert, **we** are going to **go** to a café to **have** an **orange** juice or a **tea**.

3. Find the Spanish equivalent in Mónica's text

a. Un pueblo   b. En un piso   c. Hacemos muchas cosas   d. El viernes por la noche   e. Mi grupo favorito
f. Vamos a ir   g. Cuando vamos   h. Ella suele   i. Una magdalena   j. Tengo planes   k. En el centro de la ciudad
l. El concierto empieza   m. Pero suelo   n. Con mi hermano   o. Mi padre prefiere   p. Café sin leche
q. Con mis primas   r. La casa de mi amiga

Unit 5. My weekend plans – food and leisure: READING 2

1. Find the Spanish equivalent in Luisa's text

a. El noreste de España   b. Me llevo bien con ella   c. Es muy pesado   d. En mi tiempo libre   e. También vamos
f. Le encanta   g. Voy a ir a un concierto   h. No será   i. Vamos a ir   j. Este domingo por la mañana
k. Suelo tomar   l. Creo que será delicioso   m. No tengo muchos planes   n. Mi plato favorito

2. Answer in English

a. Her parents, her older brother and her grandmother   b. Because she is nice and fun
c. She tends to do sport at the sports centre   d. Hot chocolate   e. A cupcake   f. Her friends
g. Watch a series on Netflix at her friend's house   h. A salad   i. Toast with cheese and ham
j. Her lunch; fish   k. Next Friday night   l. A football match   m. Play videogames with her brother

3. Translate the following into English

a. I live with my parents   b. However, I don't get on well   c. Usually, I tend to do sport   d. Saturday night
e. It won't be boring at all   f. We are doing to go to the town square in taxi   g. With cheese and ham
h. I tend to only have a glass of milk   i. So I am not going to do many things   j. Before going to bed

Unit 5. My weekend plans – food and leisure: WRITING

1. Multiple choice

a. This weekend   b. This Saturday   c. To play guitar   d. I think it will be   e. To do homework   f. To eat ham
g. For breakfast   h. To watch a match   i. To have fruit   j. For dinner   k. To drink water

2. Complete with the correct option

a. ¿Qué **vas** a hacer este fin de semana?   b. Este fin de semana voy a **ver** un partido de baloncesto.
c. Este domingo no voy a **tocar** la guitarra.   d. El sábado que **viene** voy a hacer deporte.
e. Creo que será **muy** divertido.   f. Creo que no será nada **aburrido.**   g. Para el desayuno, me **gusta** comer
cereales con leche.   h. Para el almuerzo **suelo** comer un bocadillo.   i. Para la **cena** voy a comer pescado.   j.
Este sábado no voy a **beber** café.   k. El domingo que viene voy a tomar **té.**
l. **Creo** que será muy interesante.

3. Spot and correct the grammar and spelling mistakes

a. ¿Qué vas a **hacer** este fin de semana?   b. Este fin de semana voy a ir **de** compras.
c. El s**á**bado que viene voy a ir a un concierto.   d. Este domingo voy a jug**ar** a videojuegos.
e. Creo que ser**á** un poco interesante.   f. Este fin de semana voy a tocar **la** guitarra.
g. Creo que **no será** muy aburrido.   h. Para el desayuno me gust**a** comer fruta.
i. Para el almuerzo suelo comer **un** bocadillo.   j. Para **la** cena voy a beber un vaso de leche.
k. ¿Qué vas **a** tomar para el desayuno?   l. ¿Qué **te** gusta beber?   m. Mi familia y **yo** vamos a ir a un restaurante.
n. Este sábado no voy a ver **una** serie en Netflix.   o. Creo que **no** será **nada** emocionante.
p. Mi familia y yo vamos a desayun**ar** fruta.   q. Para la cena suelo comer **pollo asado** y queso.
r. Para el almuerzo **no me** gusta comer pescado.

Unit 5. My weekend plans – food and leisure: WRITING AND TRANSLATION

1. Complete the table

a. This weekend – **Este fin de semana**   b. **To play football** – Jugar al fútbol   c. **I am going to see** – Voy a ver
d. This Saturday – **Este sábado**   e. **I think that** – Creo que   f. **Quite fun** – Bastante divertido
g. For breakfast – **Para el desayuno**   h. **To go to a concert** – Ir a un concierto
i. To eat cheese – **Comer queso**   j. **To drink coffee** – Beber café   k. **For dinner** – Para la cena
l. **To play guitar** – Tocar la guitarra   m. To do homework – **Hacer los deberes**
n. A bit boring – **Un poco aburrido**

2. Complete with a suitable word

a. Este fin de semana voy a **hacer** los deberes.   b. Este **sábado** voy a tocar la guitarra.
c. Creo que **será** muy aburrido.   d. Para **el** desayuno voy a comer fruta.   e. Para la cena voy a **comer** pescado.
f. Este finde no voy a **jugar** al fútbol.   g. Luego, no voy a **ir a** un concierto.
h. ¿Qué **vas** a hacer este fin de semana?   i. ¿Qué te **gusta** beber?   j. Normalmente suelo **beber** café.
k. **Este** domingo, voy a tocar el piano.   l. No será **nada** aburrido.
m. Después voy a comer **una** magdalena.

3. Slalom translation (left to right)

e.g. Este fin de semana voy a ir de compras.
a. Este sábado vamos a ver una película.   b. Creo que será muy emocionante.
c. Para el desayuno me gusta comer queso.   d. Para el almuerzo suelo tomar fruta.
e. Este domingo no voy a tocar la guitarra.   f. El domingo que viene no vamos a hacer deporte.
g. ¿Vas a comer cereales para el desayuno?   h. ¿Qué sueles hacer los sábados?

4. Gapped translation

a. E**ste** s**á**bad**o** v**oy** a v**er** un partid**o**.   b. C**reo** q**ue** ser**á** b**asta**nte em**o**cion**ante**.
c. P**ara** la cen**a** me gusta com**er** poll**o** asad**o**.   d. Este d**omingo** vamos a ir a un concierto.
e. C**reo** que n**o** ser**á** n**ada** di**vert**ido.   f. Para e**l** a**lmuerzo** no voy a comer pescad**o**.
g. E**l** domingo q**ue** v**iene** v**oy** a **ir** de compras.

5. Write the questions for the answers below

a. ¿Qué vas a hacer este fin de semana?   b. ¿Qué vas a hacer este sábado?
c. ¿Vas a ir de compras este domingo?   d. ¿Cómo crees que será?   e. ¿Qué vas a comer para el desayuno?
f. ¿Sueles comer pescado para el almuerzo?   g. ¿Qué te gusta comer para la cena?

6. Translate into Spanish

a. Este fin de semana voy a jugar a videojuegos.   b. El sábado que viene voy a ir de compras.
c. Este domingo mi familia y yo vamos a ver un partido.   d. Creo que será bastante divertido e interesante.
e. Para el desayuno suelo tomar una magdalena.   f. Para el almuerzo me gusta comer una ensalada.
g. Para la cena voy a comer pollo asado y beber zumo de naranja.

7. Guided writing

The paragraphs below are examples of acceptable answers.

a. Hola, soy Iván. Este fin de semana voy a hacer los deberes y jugar al fútbol. Creo que será divertido aunque también será un poco aburrido. Para el almuerzo, voy a comer un bocadillo y voy a beber agua. Para la cena voy a comer pescado y tomar zumo de naranja.

b. Buenos días, me llamo Fátima. Este fin de semana voy a hacer muchas cosas. Este sábado voy a tocar la guitarra; creo que será muy emocionante. Este domingo voy a ir de compras con mi familia. Para el desayuno, suelo tomar una magdalena y suelo beber un café. Este domingo, voy a comer pollo asado para la cena y voy a beber agua.

c. Hola, soy Pilar. Este fin de semana voy a ir a un concierto de Rosalía con mis amigas. Después, vamos a ir a un restaurante a comer. Creo que será bastante divertido y no será nada aburrido. Este domingo, voy a tomar fruta y miel para el desayuno y beber un té. Sin embargo, normalmente suelo comer tostadas y tomar un vaso de leche.

TERM 1 – BRINGING IT ALL TOGETHER – 5

1. Answer the following questions in English

a. Barcelona.   b. In the north of Spain.   c. At 6:00.   d. Do her homework and help around the house.
e. She thinks it is pretty.   f. She plays ping-pong with her friends.
g. She stays home and watches a film in the living room with Sergio.
h. She is going to go to a Rosalía concert with her sister.   i. It is Sergio's birthday.
j. Churros with chocolate and fruit.

2. Find the Spanish equivalent in Ana's text

a. Muy cariñoso   b. Es terca   c. Me peino   d. Puedo salir   e. Una falda negra   f. Él no tiene que
g. Cuando hago deporte   h. Cuando hace frío   i. Voy a ver   j. Para la cena   k. Un desayuno especial
l. Le gusta   m. Voy a comprar

3. Complete the translation of paragraph 5

This **weekend**, I am going to **go to** a Rosalía **concert** with my **sister** in the **city** centre. I think it will be **very** fun and **exciting**. On **Sunday**, my family and I are going to an **expensive** restaurant at **21:00** for Sergio's **birthday**. For **dinner**, I am going to eat **roast chicken** and drink **water**.

4. True (T), False (F) or Not Mentioned (NM)?

Carmen has a lot of plans this weekend. **(T)**   Carmen is going shopping on Saturday. **(F)**
Carmen is going to the mall with her parents. **(T)**   Beatriz has plans on Friday. **(F)**
Beatriz is going to play the piano on Saturday. **(NM)**   Beatriz thinks her brother's match will be boring. **(T)**
Beatriz is confident in her brother's chances of winning. **(F)**
After matches, Beatriz's family tend to go to the park. **(T)**   Carmen does not like lemon slushies. **(F)**
Carmen is making a paella with her mum. **(F)**   Carmen's grandmother is 93 years old. **(F)**
Carmen always has a coffee for breakfast. **(T)**   Beatriz likes to drink milk for breakfast. **(T)**

5. Complete the statements

a. Carmen is going **shopping** with her **parents** on Friday night.   b. **Beatriz** does not have plans on Friday.
c. Beatriz doesn't like **football** very much.   d. Beatriz's family often go for a **walk** in the **park**.
e. Beatriz is going to eat **fruit** and **honey** this weekend.

END OF TERM 1 – QUESTION SKILLS

TRANSCRIPTS

1. Fill in the missing words

a. ¿Qué haces en tu tiempo libre?   b. ¿Qué hace tu amigo en su tiempo libre?
c. ¿Adónde vas los fines de semana?   d. A qué hora te levantas entre semana?
e. ¿Qué haces después del colegio?   f. ¿Qué haces para ayudar en casa?   g. ¿Qué haces en tu dormitorio?
h. ¿Qué ropa llevas en casa?   i. ¿Qué ropa llevas cuando hace frío?   j. ¿Cómo es tu uniforme escolar?
k. ¿Qué vas a hacer este fin de semana?   l. ¿Qué vas a tomar para el desayuno?
m. ¿Qué sueles comer para la cena?   n. ¿Qué te gusta beber?

2. Choose the option that you hear

a. Me gusta hacer natación.   b. En su tiempo libre, juega al fútbol.   c. Los fines de semana, voy al parque.
d. Me levanto a las siete.   e. Hago mis deberes.   f. Siempre hago las tareas domésticas.   g. Juego a la Play.
h. Llevo un chándal.   i. Llevo un abrigo.   j. Mi uniforme es negro y feo.   k. Voy a ir de compras.
l. Voy a tomar cereales.   m. Suelo comer un bocadillo.   n. Me gusta beber zumo de naranja.

3. Listen and write in the missing information

a. En mi tiempo libre, juego al fútbol con mis amigos en el polideportivo.
b. En su tiempo libre, mi amiga María hace footing en el bosque.
c. Los fines de semana, voy a casa de mi primo a ver una película en su salón.
d. Entre semana, me levanto a las seis y media porque tengo que ir al colegio.
e. Antes del colegio, me ducho, me visto, preparo mi mochila y voy al colegio.
f. En casa, suelo hacer las tareas domésticas todos los sábados con mi padre.
g. Todos los días, escucho música en mi dormitorio y juego a la Play.
h. En casa, me gusta llevar un jersey verde y pantalones cortos negros.
i. Cuando hace calor, llevo una camiseta sin mangas blanca y sandalias.
j. Mi uniforme escolar es muy feo; tengo que llevar una corbata marrón.
k. Este fin de semana, voy a tocar el piano en casa y ver una serie en Netflix.
l. Para el desayuno, voy a tomar fruta, tostadas y un chocolate caliente.
m. Para el almuerzo, suelo comer un bocadillo de jamón y queso y fruta.
n. Para beber, me gusta tomar zumo de naranja pero suelo beber agua.

ANSWERS

1. Fill in the missing words

a. ¿Qué **haces** en **tu** tiempo libre?   b. ¿Qué **hace** tu amigo en **su** tiempo libre?
c. ¿Adónde **vas** los fines de **semana**?   d. A qué **hora** te levantas entre semana?
e. ¿Qué haces **después** del colegio?   f. ¿Qué haces para **ayudar** en **casa**?   g. ¿Qué haces en tu **dormitorio**?
h. ¿Qué ropa **llevas** en **casa**?   i. ¿Qué ropa llevas cuando hace **frío**?   j. ¿**Cómo** es tu **uniforme** escolar?
k. ¿Qué **vas** a hacer este fin de semana?   l. ¿Qué vas **a tomar** para el desayuno?
m. ¿Qué **sueles** comer para la **cena**?   n. ¿Qué **te** gusta **beber**?

2. Choose the option that you hear

a. Natación   b. Fútbol   c. Parque   d. Siete   e. Mis deberes   f. Siempre   g. A la Play   h. Un chándal
i. Un abrigo   j. Negro   k. De compras   l. Cereales   m. Un bocadillo   n. Zumo de naranja

3. Listen and write in the missing information

a. En **mi** tiempo libre, **juego** al fútbol con mis amigos en el **polideportivo**.
b. En **su** tiempo libre, mi amiga María **hace** footing en el **bosque**.
c. Los fines de semana, **voy** a casa de mi **primo** a ver una película en su **salón**.

d. Entre semana, me **levanto** a las **seis y media** porque **tengo** que ir al colegio.
e. Antes del colegio, **me** ducho, me visto, **preparo** mi mochila y **voy** al colegio.
f. En casa, **suelo** hacer las tareas **domésticas** todos los **sábados** con mi madre.
g. Todos los **días**, **escucho** música en mi **dormitorio** y juego a la Play.
h. En casa, me gusta **llevar** un jersey **verde** y pantalones **cortos** negros.
i. Cuando hace **calor**, llevo una camiseta sin **mangas** blanca y **sandalias**.
j. Mi uniforme **escolar** es muy feo; tengo que llevar una **corbata marrón**.
k. Este fin de **semana**, voy a **tocar** el piano en casa y **ver** una serie en Netflix.
l. Para el **desayuno**, voy a **tomar** fruta, **tostadas** y un chocolate caliente.
m. Para el **almuerzo**, suelo comer un **bocadillo** de jamón y **queso** y fruta.
n. Para **beber**, me gusta tomar **zumo** de naranja pero **suelo** beber agua.

TERM 2

UNIT 6. Saying where I live

TRANSCRIPTS

1. Listen and fill in the gaps

a. Vivo en Berlín. Está en el **este** de Alemania.   b. Vivimos en Madrid. Está en el **centro** de España.
c. Vivo en Londres. Está en el **sureste** de Inglaterra.   d. **Vivo** en Edimburgo, en el sureste de Escocia.
e. **Vivo** en Roma. Está en el centro de Italia.   f. **Vivimos** en Cardiff. Está en el sureste de Gales.
g. Vivo en **París.** Está en el centro de Francia.   h. Vivo en **Liverpool**. Está en el noroeste de Inglaterra.
i. Vivimos en **Bilbao.** Está en el **norte** de **España**.

2. Multiple choice

*e.g. En mi barrio hay **un cine.***
a. Cerca de mi casa hay **restaurantes**.   b. Cerca de mi casa hay **un centro comercial**.
c. En mi ciudad hay **una pista de patinaje**.   d. En mi calle hay **un club juvenil**.
e. En el centro hay **una calle peatonal**.   f. En mi barrio hay **un acuario**.
g. En mi barrio hay **un polideportivo**.

3. Fill in the blanks

Part 1 – a. ¿Dónde vivo? Vivo en Berlín, la **capital** de Alemania. Berlín es una **ciudad** muy grande así que hay **muchas** cosas que hacer. **Cerca** de mi casa, hay un **centro** comercial y muchas calles **bonitas**. Además, hay mucho que **hacer** para los **jóvenes** ya que hay un **cine** grande, una pista de **patinaje** y un jardín botánico.

Part 2 – b. En mi calle, **tenemos** algunas **tiendas** antiguas y varios restaurantes baratos. Me **encanta** mi barrio porque es **seguro** y nunca está **sucio**. Lo mejor es que se puede **pasear** por las **calles** bonitas y también se puede **comer** bien en los **restaurantes**. Sin embargo, no se puede hacer **deporte** ya que no hay **polideportivo**.

4. Faulty translation

*e.g. Cerca de mi casa hay **un club juvenil.***
a. Cerca de mi casa **no hay** una calle peatonal.   b. **En mi calle** hay un club juvenil.
c.En el centro **tenemos** muchas calles bonitas.   d. **Cerca de mi casa** hay cafeterías.
e. En mi barrio no tenemos **muchos edificios antiguos**.   f. Cerca de mi casa hay **un acuario**.
g. En el centro **hay** un polideportivo.   h. **En mi barrio** no hay un parque grande.

5. Why do they like/dislike their neighbourhood?

a. Me gusta mi barrio porque **es seguro**.   b. No me gusta mi barrio porque **está sucio**.
c. No me gusta mi barrio porque **hay mucha contaminación**.
d. Me encanta mi barrio porque **se puede hacer deporte**.
e. Me gusta mi barrio porque **no es peligroso**.   f. Me gusta mi barrio porque **no hay mucho tráfico**.
g. Me encanta mi barrio porque **está bien cuidado**.   h. No me gusta mi barrio porque **no se puede pasear**.

6. Listen, spot and correct the grammar and spelling mistakes

Part 1 – a. Hola, **me** llamo Joaquín. Soy español y **vivo** con mi padre en Alicante. Alicante **está** en el sureste de España. Vivimos en un piso en el centro de la ciudad. Cerca de mi casa hay **muchas** cafeterías y muchos restaurantes. También hay **un** centro comercial y un parque grande pero no hay un **club juvenil**.

Part 2 – b. En mi **barrio** hay muchas cosas que hacer. Por ejemplo, hay muchas tiendas y también tenemos un polideportivo moderno con instalaciones deportivas **buenas**. Me gusta mi barrio porque **no es** peligroso y porque está bien cuidado. Además, no hay mucha contaminación aunque sí que hay bastante tráfico.

7. Listen to Ana del Casar and answer the questions in English

Hola, soy Ana del Casar y soy española. Vivo en Barcelona, una ciudad en el noreste de España. Vivo en un piso en la costa con mi familia. Cerca de mi casa no hay muchos sitios interesantes. No hay tiendas ni restaurantes - solo hay un acuario, un parque pequeño y un cine. Desde mi punto de vista, mi barrio es bastante seguro y también está bien cuidado y muy limpio. Aunque no hay mucho que hacer, me encanta mi barrio.

ANSWERS

Unit 6. Saying where I live: LISTENING

1. Listen and fill in the gaps

a. Vivo en Berlín. Está en el **este** de Alemania.   b. Vivimos en Madrid. Está en el **centro** de España.
c. Vivo en Londres. Está en el **sureste** de Inglaterra.   d. **Vivo** en Edimburgo, en el sureste de Escocia.
e. **Vivo** en Roma. Está en el centro de Italia.   f. **Vivimos** en Cardiff. Está en el sureste de Gales.
g. Vivo en **París.** Está en el centro de Francia.   h. Vivo en **Liverpool.** Está en el noroeste de Inglaterra.
i. Vivimos en **Bilbao.** Está en el **norte** de **España.**

2. Multiple choice: tick the place you hear

e.g. A cinema
a. Restaurants   b. A shopping mall   c. A skating rink   d. A youth club   e. A pedestrian street
f. An aquarium   g. A sports centre

3. Fill in the blanks

a. ¿Dónde vivo? Vivo en Berlín, la **capital** de Alemania. Berlín es una **ciudad** muy grande así que hay **muchas** cosas que hacer. **Cerca** de mi casa, hay un **centro** comercial y muchas calles **bonitas**. Además, hay mucho que hacer **hacer** para los **jóvenes** ya que hay un **cine** grande, una pista de **patinaje** y un jardín botánico.

b. En mi calle, **tenemos** algunas **tiendas** antiguas y varios restaurantes baratos. Me **encanta** mi barrio porque es **seguro** y nunca está **sucio**. Lo mejor es que se puede **pasear** por las **calles** bonitas y también se puede **comer** bien en los **restaurantes**. Sin embargo, no se puede hacer **deporte** ya que no hay **polideportivo**.

4. Faulty translation

*e.g. Near my house there is **a youth club***
a. Near my house **there is not** a pedestrian street.   b. **On my street** there is a youth club.
c. In the centre **we have** lots of pretty streets.   d. **Near my house** there are cafés.
e. In my neighbourhood we don't have **lots of old buildings.**   f. Near my house there is **an aquarium.**
g. In the centre **there is** a sports centre.   h. **In my neighbourhood** there isn't a big park.

5. Why do they like/dislike their neighbourhood?

a. It is safe.   b. It is dirty.   c. There is a lot of pollution.   d. One can do sport.   e. It is not dangerous.
f. There is not a lot of traffic.   g. It is well looked after.   h. One cannot go for a walk.

6. Listen, spot and correct the grammar and spelling mistakes

a. Hola, **me** llamo Joaquín. Soy español y **vivo** con mi padre en Alicante. Alicante **está** en el sureste de España. Vivimos en un piso en el centro de la ciudad. Cerca de mi casa hay **muchas** cafeterías y muchos restaurantes. También hay **un** centro comercial y un parque grande pero no hay un **club juvenil**.

b. En mi **barrio** hay muchas cosas que hacer. Por ejemplo, hay muchas tiendas y también tenemos un polideportivo moderno con instalaciones deportivas **buenas**. Me gusta mi barrio porque **no es** peligroso y porque está bien cuidado. Además, no hay mucha contaminación aunque sí que hay bastante tráfico.

7. Listen to Ana del Casar and answer the questions in English

a. Spain   b. Barcelona, a city in the northeast of Spain; in a flat on the coast
c. Aquarium, small park and cinema   d. Quite safe, well looked after, very clean
e. Although there isn't a lot to do she still loves it

Unit 6. Saying where I live: VOCAB BUILDING 1

1. Match
Hay muchos jóvenes – There are many young people
Hay muchas calles peatonales – There are many pedestrian streets
Hay muchos edificios antiguos – There are many old buildings
Hay muchas tiendas – There are many shops
Hay mucho ruido – There is a lot of noise
Hay muchos centros comerciales – There are many shopping malls
Hay muchas instalaciones deportivas – There are many sports facilities
Hay muchos restaurantes buenos   – There are many good restaurants
Hay muchas áreas verdes – There are many green spaces
Hay muchos edificios modernos – There are many modern buildings
Hay muchas cosas que hacer – There are many things to do
Hay mucho que ver – There is a lot to see

2. Break the flow

a. Mi ciudad está en el centro de Inglaterra.   b. Mi ciudad está en el oeste de Francia.
c. En mi ciudad hay muchos bares y discotecas.   d. En mi barrio hay mucho que hacer y ver.
e. En mi barrio no hay mucha contaminación.   f. En mi barrio hay muchas áreas verdes.
g. En mi barrio hay muchos centros comerciales. h. En mi barrio hay muchas tiendas que me gustan.

3. Missing letters

a. Hay muchas calles peatonales.   b. Hay muchos edificios antiguos.   c. Hay muchas áreas verdes.
d. No hay mucho ruido.   e. Hay muchos jóvenes.   f. No hay mucha contaminación.
g. Hay muchas instalaciones deportivas.

4. Translate into English

a. A lot of pollution   b. Many things to do   c. Many shops that I like   d. Many pedestrian streets
e. A lot of noise   f. Many green spaces   g. Many old buildings   h. There is a lot to see
i. There are many sports facilities

5. Complete

a. Hay muchas cosas que h**acer.**   b. Hay muchas instalaciones d**eportivas.**   c. Hay muchas á**reas** verdes.
d. Hay muchos edificios **antiguos.**   e. Hay muchas **tiendas.**   f. Hay mucho r**uido.**
g. Hay muchas calles p**eatonales.**   h. Hay muchos j**óvenes**.   i. No hay mucho t**ráfico.**
j. No hay mucha **contaminación.**

6. Faulty translation

a. My *town/**city** is in the **west** of **Germany**   b. I live in a **big** house on the coast
c. –   d. My **neighbourhood** is very big and modern   e. –   f. I **love** my neighbourhood because there is no crime
g. In my neighbourhood there are many **good** shops   h. –

town is not technically a mistake and can be accepted

7. Complete the table

Old buildings – **Edificios antiguos**   Neighbourhood – **Barrio**   **A lot to do** – Mucho que hacer
There is no noise – No hay ruido   It is in the north – **Está en el norte**
It is in the southeast – Está en el sureste   **Modern buildings** – Edificios modernos

8. Complete the table

There is pollution – Hay contaminación   A lot to do – **Mucho que hacer**   **Many things** – Muchas cosas
Many good shops – **Muchas tiendas buenas**   **Very clean** – Muy limpio   **In my city** – En mi ciudad
In my neighbourhood – **En mi barrio**

9. Complete the translation

a. There are many **shops** that I like.   b. There is a lot to do for **young people**.
c. There are a lot of **green spaces**.   d. One can **eat** well.   e. It is a **safe** neighbourhood.
f. There is a lot of **pollution**.   g. There isn't much **noise.**

Unit 6. Saying where I live: VOCAB BUILDING 2

1. Translate into English

a. In my city there is a lot to do for young people.
b. In my neighbourhood there are many good bars and restaurants.
c. I love my neighbourhood because there are many sports facilities.
d. The best thing about my neighbourhood is that it is safe.
e. The best thing about my neighbourhood is that it is very clean and quiet.
f. In my neighbourhood there are many shopping malls with many good shops.
g. In my neighbourhood there is a lot to do for children.
h. The worst thing about my city is the pollution.

2. Correct the grammar/spelling errors

a. Muchos edificios antiguo**s.**   b. Hay mucho **que** hacer.   c. M**e** encanta mi barrio.
d. Hay mucha**s** tiendas buena**s.**   e. Está en el norte de Alemania.   f. Hay mucho**s** j**ó**ven**e**s.
g. Hay mucha contaminaci**ó**n.   h. Hay mucho que hacer para los j**ó**venes y los ni**ñ**os.

3. Sentence puzzle

a. En mi barrio hay mucho que hacer.   b. Mi ciudad está en el norte de Inglaterra.
c. En mi calle hay muchas tiendas buenas.   d. Vivo en un barrio muy grande y moderno.
e. Mi ciudad está en el sur de España.   f. En mi calle hay muchos edificios históricos.

4. Match

Antiguo – Old   **Moderno** – Modern   **Limpio** – Clean   **Sucio** – Dirty   **Feo** – Ugly   **Bonito** – Beautiful
Tranquilo – Quiet   **Ruidoso** – Noisy   **Seguro** – Safe   **Peligroso** – Dangerous

5. Multiple choice

Tiendas buenas ; Edificios antiguos ; Mucho que hacer ; Mucho que ver ; Una calle sucia ; Una ciudad fea ;
Hay muchas cosas ; Tiendas caras ; Está en el sur

6. Complete with the correct option

a. En mi ciudad **hay** mucho que ver y hacer.   b. Mi ciudad **está** en el norte.
c. En mi **calle** hay muchos edificios antiguos.   d. En mi barrio hay muchas **tiendas** bonitas.
e. Me **encanta** mi barrio porque no hay ruido.   f. Me gusta mucho la **gente** de mi barrio.
g. Mi barrio es un **lugar** seguro.   h. En mi ciudad hay mucho que hacer para los **jóvenes.**

7. Match

Mucho que hacer – A lot to do   **En mi barrio** – In my neighbourhood   **En mi ciudad** – In my city
Edificios antiguos – Old buildings   **En el norte** – In the north   **La gente** – The people
Para los jóvenes – For young people   **Muchas tiendas** – Many shops   **Áreas verdes** – Green spaces
En mi calle – On my street   **Muchas cosas** – Many things

8. Spot the intruders

a. Me gusta ~~mucho~~ la gente de mi barrio.   b. En mi calle hay muchas tiendas ~~buenas.~~
c. Mi ciudad está en el norte ~~del país.~~   d. Lo peor de mi barrio es la contaminación ~~del aire.~~
e. En mi barrio ~~siempre~~ se puede hacer muchos deportes al aire libre.
f. En mi barrio ~~no~~ hay mucho que hacer para los jóvenes.   g. Mi barrio está en las afueras ~~de la ciudad.~~
h. Me encanta mi barrio porque hay muchos edificios históricos ~~muy bonitos.~~
i. Mi barrio es ~~demasiado~~ ruidoso.

Unit 6. Saying where I live: READING 1

1. Find in the text

a. Soy de   b. Está situada   c. Un barrio muy bonito   d. Muchos edificios   e. Instalaciones deportivas
f. Hay mucho que hacer   g. El (barrio) más animado   h. Muchas tiendas buenas   i. Lo que no me gusta
j. Mucho ruido

2. Complete the translation of Ian's text

East ; coast ; ugly ; outskirts ; dirty ; sports facilities ; shops ; young people ; crime ; go out ; furthermore/besides
; factories ; pollution ; near/close to ; noise ; worst

3. Answer the questions about Ian (in Spanish)

a. Dieciséis años   b. En Valencia   c. Es de Reading   d. En las afueras de la ciudad   e. Sucios y feos
f. No   g. No es seguro, porque hay mucho crimen   h. Porque hay muchas fábricas
i. Está muy cerca del aeropuerto   j. Hay mucho ruido

Unit 6. Saying where I live: READING 2

1. Find in the text

a. Por el trabajo de mi padre   b. Está situada   c. Bonito   d. Así que hay   e. Ruido   f. Siempre hay atascos
g. Eso es lo peor de todo   h. Para los jóvenes   i. Es muy animado   j. Calles peatonales   k. Al aire libre
l. Que están abiertas hasta las seis de la mañana   m. Muchas tiendas bonitas   n. La gente de mi barrio
o. Demasiados turistas   p. Es bastante seguro   q. En las calles

2. Comprehension questions

a. On the outskirts of the city   b. Swimming pools and sports centres
c. Cinema, bowling alley, skating ring, good shops   d. There isn't any
e. Botanical garden, museum, swimming pool, shopping mall, park   f. Jogging, rides the bike, walks the dog
g. Polite, calm, helpful   h. There are many green spaces, she likes nature

Unit 6. Saying where I live: WRITING 1

1. Complete the sentences

a. Gente / simpática   b. Barrio / contaminación   c. Hay / fábricas   d. Muchos / ruido
e. Ciudad / áreas verdes   f. Calle / tiendas   g. Mi / lugar / seguro   h. Casa / parque / bici / perro

2. Translate into English

a. Factories   b. There is/are   c. Shops   d. Neighbourhood   e. City   f. One can   g. Facilities
h. Furthermore/besides   i. Street   j. Park   k. Near   l. It is safe

3. Find in the wordsearch

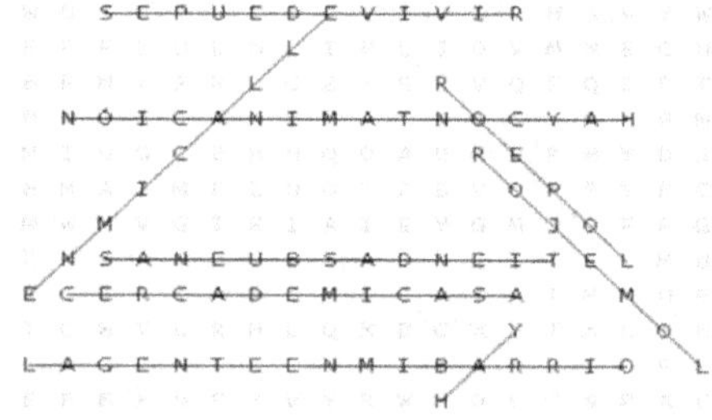

Good shops – **Tiendas buenas**   Near my house – **Cerca de mi casa**
There are – **Hay**   There is pollution – **Hay contaminación**
The best thing – **Lo mejor**   The people – **la gente**
On my street – **En mi calle**   The worst thing – **Lo peor**
In my neighbourhood – **En mi barrio**

Unit 6. Saying where I live: WRITING & TRANSLATION

1. Complete with a suitable word (accept any other correct answers)

a. Ciudad / España   b. Afueras   c. Peligroso   d. Hay / buenas   e. Mucho / seguro   f. Contaminación
g. Tienda   h. Sucio, feo / gusta

2. Match

Vivo en el sur de España.   **Hay un** polideportivo grande.   **La gente** es muy simpática y graciosa.
Mi ciudad está en el norte de España.   **Me gusta** mucho mi barrio.   **Hay tiendas** buenas.
Lo peor de mi barrio es el tráfico.   **En mi barrio** hay muchas fábricas.   **Mi edificio es** feo y está mal cuidado.
En mi ciudad hay mucha contaminación.

3. Guided translation

a. En mi barrio hay mucho tráfico.   b. No me gusta mi barrio porque está sucio y es peligroso.
c. En mi calle hay muchas tiendas buenas.   d. Mi ciudad está en el norte de Inglaterra.
e. Lo peor de mi barrio es la contaminación.   f. En mi ciudad hay mucho que hacer para los jóvenes.
g. Cerca de mi casa hay un parque y una piscina.   h. Lo mejor de mi barrio es que es seguro.
i. Por lo general, la gente de mi barrio es muy educada.   j. Cerca de mi casa hay un jardín botánico.

4. Spot the missing word

a. En **mi** barrio hay mucha contaminación.   b. En mi ciudad **hay** muchas áreas verdes.
c. Por lo general, en mi barrio la gente **es** muy simpática.   d. En mi calle **hay** muchas tiendas buenas.
e. Vivo en **un** edificio muy antiguo y feo.   f. Vivo en **un** barrio histórico.   g. Lo peor **de** mi barrio es el ruido.
h. Vivo muy cerca **del** aeropuerto.   i. Cerca de mi casa hay un parque muy bonito donde monto **en** bici.
j. Mi barrio **es** muy feo.

5. Tangled translation

a. Mi ciudad **está en** el sur **de España.**   b. Vivo **en una** ciudad en el **norte** de **Francia.**
c. Mi **ciudad** se llama Niza. Está **cerca** de Italia.   d. Me encanta **mi** ciudad **porque** es **muy** bonita.
e. Cerca de mi **casa** hay un **centro comercial.**   f. Mi **barrio** está en las **afueras de** Cádiz.
g. Mi barrio **es** muy **grande** y **moderno.**   h. Hay muchas **áreas** verdes e instalaciones deportivas como
piscinas y un **gimnasio.**   i. No **hay** muchas tiendas **pero** hay un centro comercial no muy **lejos** de mi **casa.**
j. En mi **calle** hay un parque muy **grande** donde monto en **bici** y paseo al **perro.**
k. Lo **mejor de** mi barrio es **que** la gente **es** simpática.

6. Translate into Spanish

a. Vivo en un pueblo   b. Mi barrio es.   c. Cerca de mi casa   d. Áreas verdes   e. Hay un centro comercial
f. En mi calle.   g. No lejos de   h. Paseo al perro   i. Monto en bici   j. En el norte de España
k. En las afueras   l. Me encanta mi barrio   m. Lo mejor   n. Mucho que hacer para los jóvenes

7. Translate into Spanish

Vivo en una ciudad en el norte de España. Mi barrio está en las afueras de la ciudad. Mi barrio es grande y moderno. Hay muchas áreas verdes e instalaciones deportivas. No hay muchas tiendas, pero hay un centro comercial cerca de mi casa. En mi calle hay un gimnasio, un supermercado pequeño y un bar. Cerca de mi casa hay un parque grande donde monto en bici y paseo a mi perro. Lo mejor de mi barrio es que la gente es simpática y educada. Lo peor es que no hay mucho que hacer para los jóvenes.

Unit 6. Saying where I live: WRITING 2

1. Complete the sentences creatively

Accept any grammatically correct sentence. Less experienced students can adapt existing answers from the unit.

2. Write a sentence for each of the following words As above.

3. Spot and correct the grammar and spelling mistakes

a. Mi barrio **está** en la**s** afueras de la ciudad   b. Cerca de mi casa **hay** una tienda de deporte
c. **Lo** peor de mi barrio es la contaminaci**ó**n   d. Lo m**e**jor de mi barrio es **el** ruido   e. ¿**Dó**nde est**á tu** barrio?
f. La gente de mi barrio **es** simp**á**tica   g. Mi barrio **es** muy grande y modern**o**

4. Write a paragraph in Spanish about Marta in the first person singular (I) and one about Roberto in the third (he)

Marta: Mi ciudad está en el norte de España. Mi barrio está en el centro de la ciudad. Hay muchas instalaciones deportivas como dos polideportivos, un club de tenis y tres gimnasios. En mi barrio hay dos parques grandes, pero también hay mucha contaminación. Para los jóvenes hay muchos bares, discotecas y conciertos. Lo mejor de mi barrio es que es seguro, y lo peor es que hay muchos turistas y el ruido. La gente de mi barrio es muy simpática y educada.
Roberto: Su ciudad está en el sur de Argentina. Su barrio está en las afueras de la ciudad. Hay una piscina, un estadio y un polideportivo, y solo hay un parque pequeño. No hay contaminación, pero hay un poco de ruido. No hay mucho que hacer para los jóvenes, porque solo hay un centro comercial y el parque. Lo mejor de su barrio es el estadio, y lo peor es el crimen. La gente de su barrio es antipática y maleducada.

TERM 2 – BRINGING IT ALL TOGETHER – 6

1. Answer the following questions in English

a. A small house / in the east of the city.   b. His father, his two younger sisters and his grandmother.   c. 7:15
d. Pick up his sisters / prepare dinner.   e. To the park.   f. Sunglasses and a black baseball cap.
g. A mall.   h. He likes to go to the park on his street.   i. Play football with his friends at the sports centre.
j. He likes it because it is very safe and always clean.

2. Find the Spanish equivalent in Darwin's text

a. Me llevo bien con   b. Me ayuda   c. Siempre me levanto   d. También se toma   e. Con mi amigo
f. En el salón   g. Muchas cosas que hacer   h. Vamos de compras   i. Pistas de fútbol   j. Pescado y arroz
k. Mucha contaminación   l. Además   m. Se puede

3. Complete the translation of paragraph 5

In the **centre**, there is **also** a very **modern** sports centre. This **weekend**, I am going to **play** football with my **friends** given that there are **various** football **pitches**. I think it will be **very** fun and not at all **boring**. **After/Later**, for dinner I am **going** to have **fish** and **rice** at home.

4. True (T), False (F) or Not Mentioned (NM)?

Marcos is Argentinian. **(F)**   Marcos is from Madrid. **(T)**   The boys are in Fran's neighbourhood. **(T)**
Fran is on holiday. **(F)**   There isn't much to do in Fran's city. **(F)**   There is a big park on Fran's street. **(NM)**
The best restaurants are in the centre. **(T)**   There is an old aquarium in the centre. **(F)**
There is lots to do in Madrid. **(T)**   Marcos doesn't like his city. **(F)**   Madrid is quite well looked after. **(T)**
Fran likes his neighbourhood. **(T)**   Fran's neigbourhood has a lot of pollution. **(T)**

5. Complete the statements

a. Marcos is on holiday in Argentina.   b. Fran has a mall near his house.
c. There is a new aquarium in the city centre.   d. Marcos loves Madrid because you can always eat well.
e. There is a lot of traffic and pollution in Fran's neigbourhood.

UNIT 7. Saying what I can do in my neighbourhood

TRANSCRIPTS

1. Multiple choice

*e.g. Me gusta **jugar al fútbol** en la plaza mayor.*
a. En mi barrio se puede **ver películas** en el cine.   b. Por ejemplo, suelo **jugar al rugby** en el parque.
c. Me gusta **visitar ruinas romanas** en el casco antiguo.   d. Se puede **ir de marcha** en el centro de la ciudad.
e. Se puede **ir a un concierto** en la zona comercial.   f. Por ejemplo, suelo **hacer natación** en el polideportivo.
g. Me gusta **hacer footing** en el bosque.

2. Spot the intruders

Soy Julio y vivo en un barrio pequeño en mi ciudad. En mi barrio se puede hacer muchas cosas. Por ejemplo, se puede hacer footing en el bosque y en el parque. También se puede comprar ropa nueva en el centro comercial, o hacer natación en la piscina o visitar museos en el casco antiguo.

3. Fill in the blanks

Part 1 – a. Buenos **días**. Me llamo Paloma y **soy** de San Roque, en el **sur** de España. Vivo en un piso en un **barrio** muy **moderno**. En mi barrio se **puede** hacer muchas **cosas**. Por **ejemplo**, se puede **hacer** deporte en el **polideportivo** o jugar al fútbol en el **campo** de fútbol **cerca** de mi **piso**.

Part 2 – b. También se puede ir de **paseo** en el parque **grande** y visitar **museos** en el casco **antiguo**. Me gusta **ver** partidos de fútbol en el **estadio**. Sin embargo, no suelo hacer **turismo** en el **centro** de la ciudad.

4. Listen to the different speakers and fill in the grid below (in English)

a. Hola, soy Dario. En mi barrio, se puede hacer muchas cosas. Se puede hacer deporte en el polideportivo y también se puede jugar al fútbol. Si te apetece, se puede ir de compras en el centro comercial o ir de paseo en el parque. En el centro de la ciudad, suelo ir a conciertos y visitar galerías de arte.

b. Buenas, me llamo Aida. En mi barrio se puede hacer de todo. Por ejemplo, se puede hacer turismo en el casco antiguo. En el parque se puede jugar al golf. En la plaza mayor se puede ir a conciertos o ir de marcha. Además, suelo visitar las ruinas romanas que hay en la calle principal.

c. Soy Pedro. Vivo en Valencia, en el este de España. Vivo en un barrio muy moderno así que se puede hacer muchas cosas. En el bosque, se puede hacer footing y senderismo y en el parque se puede jugar al golf. También se puede ir de paseo en el parque o ir de compras en la zona comercial. Me gusta ver películas en el cine y suelo visitar castillos en el casco antiguo.

5. Gapped translation

a. Se puede jugar al fútbol **en el polideportivo**.   b. **Me gusta** visitar castillos en el casco antiguo.
c. No me gusta **ver partidos de fútbol** en el estadio.   d. Suelo **ir de paseo en el bosque**.
e. No se puede **hacer equitación en el cine**.   f. **No se puede jugar al rugby** en el club de tenis.
g. **Suelo** hacer footing **en el centro de la ciudad**.

6. Narrow listening

Hola, ¿qué tal? Soy Esther. Soy francesa pero vivo en Sevilla, una ciudad en el suroeste de España. Vivo en una casa en un barrio antiguo. En mi barrio se puede hacer de todo; se puede hacer deporte en el polideportivo, ir de compras en las tiendas, ir de paseo en el bosque o ver películas en el cine. Me gusta ir a ver partidos de fútbol en el estadio o simplemente hacer footing en el parque.

7. Listen to David and answer the questions in English

a. Buenas, me llamo David y tengo dieciocho años. Vivo en Berlín, la capital de Alemania. Vivo en una casa en las afueras de la ciudad. En mi barrio se puede hacer muchas cosas. Por ejemplo, se puede hacer deporte en el polideportivo o ir a conciertos en la zona comercial.

b. También hay un centro comercial donde se puede ir de compras o ver una película en el cine. Me gusta hacer turismo en el casco antiguo e ir de paseo en el centro de la ciudad. Sin embargo, no me gusta hacer footing en el bosque - ¡hay osos!

ANSWERS

UNIT 7. What I can do in my neighbourhood: LISTENING

1. Multiple choice

e.g. Play football
a. Watch films   b. Play rugby.   c. Visit Roman ruins.   d. Go clubbing.   e. Go to a concert
f. Do swimming   g. Do jogging

2. Spot the intruders

~~Me~~ Soy Julio y vivo en un ~~una~~ barrio ~~grande~~ pequeño en mi ~~pueblo~~ ciudad. En mi ~~el~~ barrio se puede hacer muchas ~~muchos~~ cosas. Por ejemplo, se puede ~~ir~~ hacer footing en el bosque y en el ~~cine~~ parque. También se puede comprar ropa nueva ~~de~~ en el centro comercial, o hacer natación en la piscina ~~mayor~~ o visitar ~~ver~~ museos en el ~~polideportivo~~ casco antiguo.

3. Fill in the blanks

a. Buenos **días**. Me llamo Paloma y **soy** de San Roque, en el **sur** de España. Vivo en un piso en un **barrio** muy **moderno**. En mi barrio se **puede** hacer muchas **cosas**. Por **ejemplo**, se puede **hacer** deporte en el **polideportivo** o jugar al fútbol en el **campo** de fútbol **cerca** de mi **piso**.

b. También se puede ir de **paseo** en el parque **grande** y visitar **museos** en el casco **antiguo**. Me gusta **ver** partidos de fútbol en el **estadio**. Sin embargo, no suelo hacer **turismo** en el **centro** de la ciudad.

4. Listen to the different speakers and fill in the grid below in English

a. Dario – many things, sport at the sports centre; football; shopping in the shopping mall or go for a walk in the park; concerts; art galleries
b. Aída – sightseeing in the old town; golf in the park; go clubbing; concerts; roman ruins in the main street
c. Pedro – many things, jogging and hiking in the woods; golf; go for a walk in the park or shopping in the commercial area; films in the cinema; castles in the old town

5. Gapped translation

a. One can play football **at the sports centre.**   b. **I like** to visit castles in the old town.
c. I don't like **to watch football matches** in the stadium.   d. I tend to **go for a walk in the forest.**
e. One cannot **do horse riding at the cinema.**   f. **One cannot play rugby** at the tennis club.
g. **I tend to** do jogging **in the city centre.**

6. Narrow listening

Hello, how are you? I **am** Esther. I am French **but** I live in Seville, a **city** in the **southwest** of Spain. I **live** in a house in an old **neighbourhood**. In my neighbourhood **one can** do everything; one can do **sport** at the sports centre, go **shopping** in the shops, go for a **walk** in the **woods** or watch films in the **cinema**. I **like** to go to **watch** football **matches** in the **stadium** or simply do **jogging** in the park.

7. Listen to David and answer the questions in English

Part 1 – a.   1. 18   2. Berlin, capital city of Germany; in a house on the outskirts
3. Sport at the sports centre; go to concerts in the commercial area

Part 2 – b.   1. Shop; watch a film in the cinema   2. Jog in the forest

THE LANGUAGE GYM

UNIT 7. What I can do in my neighbourhood: VOCAB BUILDING

1. Match

Se puede hacer deporte. – One can do sport.   **Se puede ir de paseo.** – One can go for a walk.
Se puede ir al estadio. – One can go to the stadium.
Se puede ir a la piscina. – One can go to the swimming pool.
Se puede ir al cine. – One can go to the cinema.   **Se puede ir de marcha.** – One can go clubbing.
Se puede hacer footing. – One can do jogging.   **Se puede ir a la bolera.** – One can go to the bowling alley.
Se puede ir de compras. – One can go shopping.   **Se puede ir a conciertos.** – One can go to concerts.
Se puede ver partidos de fútbol. – One can watch football matches.
Se puede visitar galerías de arte. – One can visit art galleries.

2. Complete with *hacer, ir, ver* o *visitar*

a. Se puede **hacer** deporte.   b. Se puede **hacer** turismo.   c. Se puede **hacer** footing.   d. Se puede **ir** al estadio.
e. Se puede **visitar** castillos.   f. No se puede **ir** de marcha.   g. Se puede **ir** de paseo
h. Se puede **ir a** conciertos.

3. Break the flow

a. Se puede visitar galerías de arte en el casco antiguo.   b. Se puede ir de paseo en la playa.
c. Se puede hacer footing en el parque.   d. Se puede ir a conciertos en el estadio.
e. Se puede ver partidos de fútbol en el estadio.   f. Se puede visitar castillos en el casco antiguo.
g. Se puede comprar ropa de marca en la calle peatonal.   h. Se puede hacer deporte en el polideportivo.

4. Sentence puzzle

a. Se puede ver partidos de fútbol.   b. Se puede ir de paseo en el parque.   c. Se puede ir de marcha en el centro.
d. Se puede visitar un castillo en el casco antiguo.   e. Se puede hacer deporte en el polideportivo.

5. Translate into English

a. One can go for a walk.   b. One can go clubbing.   c. One can go to the swimming pool.
d. One can go shopping.   e. One can buy branded/designer clothes.   f. One can ride the bike.
g. One can go to the skating rink.   h. One can watch matches.   i. One can do jogging in the park.

6. Match actions and places

Se puede ver partidos de fútbol en el estadio.   **Se puede ver plantas y árboles** en el jardín botánico.
Se puede comer bien en el restaurante.   **Se puede hacer natación** en la piscina.
Se puede comprar ropa bonita en las tiendas del centro.   **Se puede montar en bici** en el parque.
Se puede ver películas en el cine cerca de mi casa.
Se puede ver edificios históricos y castillos en el casco antiguo.

7. Split sentences

Se puede ver películas.   **Se puede visitar** edificios históricos.   **Se puede hacer natación** en la piscina.
Se puede ver partidos de fútbol.   **Se puede comer** platos típicos.   **Se puede ir de** compras.
Se puede hacer deporte.   **Se puede montar** en bici.

8. Translate into English

a. Go shopping   b. The old town   c. Watch matches   d. Watch movies   e. Go to the stadium   f. The shops
g. The pedestrian street   h. To go cycling   i. Go clubbing   j. Go sightseeing   k. The town square

9. Faulty translation

a. The old town   b. A flamenco show   c. Old buildings   d. To go to the stadium   e. To do swimming   f. –
g. The pedestrian street   h. To go cycling   i. To see castles   j. To go clubbing   k. To go sightseeing   l. –

10. Spot and correct the grammar and spelling mistakes

a. Se puede comprar ropa nueva.   b. Se puede ver edificios históricos.   c. Se puede **hacer** natación.
d. Se puede visitar **un** castillo.   e. Se puede montar **en** bici.   f. Se puede **hacer** footing.
g. Se puede visitar el **casco antiguo.**   h. Se puede ver partidos de fútbol
i. Se puede **ver** una película en el cine.   j. Se puede jugar al tenis.

11. Match

Hacer deporte – **Do sport**   Jugar al fútbol – **Play football**   Ir de marcha – **Go clubbing**
Visitar museos – **Visit museums**   Hacer footing – **Do jogging**   En la plaza mayor – **In the town square**
Por ejemplo – **For example**   En el centro comercial – **In the shopping mall**   En el estadio – **In the stadium**
Ir a conciertos – **Go to concerts**   Hacer natación – **Do swimming**   En el casco antiguo – **In the old town**

12. Complete with missing letters

a. Hacer d**e**porte   b. Ir d**e** paseo   c. V**e**r películas   d. Hacer t**u**rismo   e. V**i**sitar castillos   f. Jugar al fútbol
g. **H**acer equitaci**ó**n   h. La plaza ma**y**or   i. El casc**o** antiguo

13. Translate to English

a. I tend to visit castles in the old town.   b. I like to go for a walk in the park.
c. One can go to the stadium to watch a football match.   d. One cannot play golf in the swimming pool.
e. I love to do swimming in the pool.   f. I tend to play tennis at the tennis club near the school.
g. I don't tend to go to the cinema to watch films.
h. I like to visit historic palaces in the touristy part of the city.
i. I tend to go shopping at the shopping mall with my mum.
j. In my neighbourhood one cannot do many things.
k. In my neighbourhood one can visit museums in the centre of the city.

14. Spot and add in the missing words

a. Me gusta **visitar** castillos.   b. Me gusta **ir** de compras con mi hermana.
c. En mi barrio no **se** puede hacer muchas cosas.   d. Se puede jugar **al** fútbol.
e. Me gusta **hacer** turismo en el centro de Madrid.
f. Me encanta **mi** barrio porque se puede hacer muchas cosas.   g. Suelo ir **de** paseo en el parque.
h. No me gusta **ver** películas en el cine.   i. Se puede visitar museos en **la** plaza mayor.

15. Fill in the gaps

a. Ver **una** película.   b. **Hacer** deporte.   c. **Jugar** al tenis.   d. **Ir** de compras.   e. Hacer f**ooting.**
f. Ir de p**aseo.**   g. Ir al **cine** para ver una película.   h. Me gusta **jugar** al fútbol con mis amigos.
i. Se puede ir al **estadio** a ver un partido de fútbol.   j. No me gusta ir a **concierto**s en el parque.
k. Se puede **visitar** palacios históricos en el casco antiguo.   l. Por la mañana no se puede **hacer** nada.

UNIT 7. What I can do in my neighbourhood: READING 1

1. Find and correct the mistakes in the translation of Sergio's text

Hi. I'm Sergio. I live in the outskirts of the city, near the **countryside**. My neighbourhood is very **ugly**. There are many old and **dirty** buildings. There is not much to do for young people. **However**, there are some sports facilities such as **basketball** courts, a **tennis** club and a gym. Also, there is a **small** park. Therefore, one can **do sport**; I like to do a **lot** of sport in my free time. **In my neighbourhood**, one can also do swimming **at the sports centre** or do jogging in the **woods**. I don't tend to go for a walk **but I love** to do jogging.

2. Find the Spanish equivalent in Mercedes' text

a. El casco antiguo   b. Cerca del puerto   c. Edificios históricos   d. Muy bonitas   e. Mercadillo   f. Al aire libre
g. No hay mucho que hacer   h. Se puede jugar   i. Este fin de semana voy a ir de tiendas   j. Voy a comprar
k. Voy a hacer vela   l. Será muy divertido   m. Voy a ir al cine   n. Vamos a ver una película romántica

3. Read Mercedes' text and tick the words not mentioned

a. Piscina   b. –   c. Pasé   d. –   e. Cositas   f. Supermercado   g. Afueras   h. –   i. –   j. –   k. –   l. –

UNIT 7. What I can do in my neighbourhood: READING 2

1. True, False or Not mentioned?

a. True   b. Not mentioned   c. True   d. False   e. False   f. True   g. False

2. Find the Spanish equivalent in Roberto's text

a. Hay mucho que hacer   b. Para los jóvenes   c. Muchas tiendas bonitas   d. Lugares históricos
e. Cerca de la playa   f. Se puede ir en bici   g. Se puede ver partidos   h. Se puede ir de compras
i. Mucho más   j. Mañana por la mañana   k. Voy a nadar   l. Voy a hacer pesas   m. Voy a ir de compras
n. Voy a montar en monopatín   o. Voy a ir a casa de mi amigo

3. Do the tasks below

a. Bars ; restaurants ; shops ; sport facilities ; green spaces ; historic places ; town square ; stadium
b. One can ride the bike in the park ; one can see football matches in the stadium ; one can do swimming ; one can go shopping ; and much more
c. Is going to swim ; lift weights ; go shopping ; go skateboarding ; go to his friend's house to see a football match

4. Translate the words you can find in Roberto's text and cross out the rest

a. ~~Casco antiguo~~   b. I am going to go shopping   c. Natación   d. Shopping   e. ~~Enseguida~~   f. ~~Por fin~~
g. Then/afterwards   h. Tomorrow   i. In the morning   j. ~~Tarde~~   k. Near   l. ~~Lejos~~   m. I am going to do   n. See
o. Match   p. ~~gente~~   q. The square   r. The young people   s. ~~Los ancianos~~   t. Weights   u. ~~Con nosotros~~

UNIT 7. What I can do in my neighbourhood: READING 3

1. Translate into Spanish

a. Casco antiguo   b. Ruido   c. Jóvenes   d. En la orilla/costa   e. Pasear   f. Instalaciones deportivas
g. Áreas verdes   h. Por lo tanto   i. Muchas cosas   j. Se puede comer bien   k. Se puede ir de paseo
l. Mucho más   m. Mañana por la mañana   n. Voy a tomar el sol   o. Voy a ir de compras
p. Jugar a videojuegos

2. Correct any wrong statements about Fernando's text

a. His town is on the coast, near Barcelona   b. He lives by the sea shore
c. He loves going for a walk on the beach.   d. The nightlife is great   e. There are many green spaces
f. He is going to go shopping with his mother   g. He is going to play videogames with Felipe
h. He is going to watch a documentary about penguins

3. Complete the sentences in Spanish based on Fernando's text

a. Se llama **Fernando.**   b. Su ciudad se llama **Tarragona.**   c. El casco antiguo de su ciudad es muy **bonito.**
d. Lo malo de Tarragona es que hay **mucho tráfico y ruido.**   e. Su casa está en la **orilla del mar.**
f. Las tiendas de su barrio son muy **bonitas.**   g. En su barrio hay mucho que hacer para los **jóvenes.**
h. Mañana va a ir a casa de su amigo Felipe a **jugar a videojuegos.**
i. Este fin de semana Fernando va a ver un programa de televisión sobre unos **pingüinos** que viven en **Patagonia.**

UNIT 7. What I can do in my neighbourhood: WRITING & TRANSLATION

1. Complete with the missing letters

a. En mi barrio   b. Se puede hacer muchas cosas   c. Se puede comer bien   d. Se puede ir de compras
e. Se puede hacer deporte   f. Se puede montar en bici   g. Mañana por la mañana.
h. Voy a ir al centro comercial   i. Voy a ver una película

2. Sentence puzzle

a. Voy a ir al cine a ver una película.   b. Mañana por la mañana voy a montar en bici.
c. En mi barrio se puede hacer deporte.   d. Este fin de semana voy a ir al centro comercial.
e. En mi barrio hay muchas tiendas bonitas.   f. En mi barrio se puede hacer muchas cosas.
g. Se puede jugar al frisbi en el parque.   h. La semana que viene voy a ir al polideportivo.
i. Voy a ir al estadio para ver un partido de fútbol.

3. Complete with a suitable word

a. Mañana **voy a** ir al cine para **ver** una película de acción.
b. Este fin de **semana** voy a ir de **compras** con mi **hermano** en el **centro comercial** cerca de mi casa.
c. En mi **barrio** se puede **hacer** muchísimas cosas.
d. La semana que **viene** voy a **montar** en bici en el **parque** cerca de mi casa.
e. Vivo en el **casco** antiguo, la parte histórica de mi **ciudad.**
f. En mi barrio **hay** una vida nocturna fenomenal. Se puede ir a **bares** y restaurantes al aire **libre.**
g. El fin de **semana** que viene **voy** a **ir** al **polideportivo** cerca de mi casa para **hacer** natación y **jugar** al bádminton con mis **amigos.**
h. Se puede **visitar** muchos museos, galerías de **arte** y palacios **antiguos.**
i. Este fin de semana **voy** a **ir** de paseo en el campo. Será **inolvidable.**

4. Translate into Spanish

a. El parque   b. Mi barrio   c. El próximo fin de semana   d. Mañana   e. La semana que viene
f. Mañana por la mañana   g. Cerca de mi casa   h. Se puede comer   i. Un partido de fútbol   j. Al aire libre

5. Spot and correct the grammar and spelling mistakes

a. En mi barrio **se** puede hacer muchas cosas.   b. Se puede ver **muchos** monumentos.   c. –
d. Mi barrio **está** en las afueras.   e. Mañana voy a ir al centro comercial cerca de mi casa.
f. Voy **a** comprar ropa en una tienda en el centro.   g. Este fin de semana voy a **hacer** pesas con mi mejor amigo.
h. Se puede ir **al** estadio.   i. Mañana por la **mañana** voy a ir de paseo en la playa.
j. Voy a jugar al tenis con mi amigo Paco.

6. Complete

a. Voy a na**dar.**   b. Voy a v**er.**   c. Voy a **ir.**   d. Voy a h**acer.**   e. Voy a m**ontar.**   f. Voy a **visitar.**   g. Voy a jug**ar.**

7. Translate into Spanish

a. En mi barrio se puede hacer muchas cosas.   b. En mi pueblo hay muchas tiendas y un mercadillo.
c. Hay un parque grande cerca de mi casa.
d. En el casco antiguo hay muchos edificios históricos y un palacio. medieval.
e. La vida nocturna es excelente. Hay muchos bares y restaurantes.
f. Se puede hacer muchos deportes porque hay un polideportivo grande.
g. Mañana voy a hacer vela con mi padre.   h. Voy a montar en bici en el parque con mi mejor amigo.
i. El próximo fin de semana voy a ir de paseo en la playa con mi amiga.
j. La semana que viene voy a hacer turismo en Madrid.   k. Voy a ir al polideportivo y voy a nadar.

8. Write two paragraphs in the first person singular (I) about Yolanda and Luke.

Accept any suitable answers for either text.

TERM 2 – BRINGING IT ALL TOGETHER – 7

1. Answer the following questions in English

a. In central-northern Ecuador.   b. His dad, his stepmother and his sister.   c. Cereal with milk.
d. He reads a book on the terrace.   e. Going to the botanical garden / to a Chinese restaurant.
f. Sparkling water.   g. He likes it.
h. Goes to the park to play golf with his friends / does jogging with his sister.
i. A vest and shorts.   j. She likes to visit roman ruins in the old town.

2. Find the Spanish equivalent in Sebastián's text

a. De la ciudad   b. Se llama   c. Cuando vuelvo   d. Me gusta leer   e. Vamos   f. Comer mucho   g. No es peligroso
h. Siempre hay   i. Muy cerca   j. La plaza mayor   k. Hay mucha   l. Visitar castillos   m. Ella prefiere

3. Complete the translation of paragraph 6

In my **city**, there is also a **lot** of culture. If you like **tourism**, one can visit **castles**, art galleries and **museums**. My **sister** likes to **visit** the Inca ruins in the **mountains** because **she** is a fan of **history**. When the **weather** is **bad**, she prefers **to visit** museums or the **gallery** in the **city centre**.

4. True (T), False (F) or Not Mentioned (NM)?

Rebeca and Gabriela are friends. **(F)**   Rebeca has many plans this weekend. **(T)**
There is a shopping mall near Rebeca's house. **(F)**   Every Monday, Rebeca does her homework. **(NM)**
Every Saturday, Rebeca plays tennis. **(T)**   There is a very big cinema in Gabriela's city. **(T)**
Gabriela tends to go to the cinema. **(T)**   Rebeca loves the aquarium. **(NM)**   Gabriela prefers to go shopping. **(T)**
Gabriela hates going to the park. **(F)**   There are not many restaurants near Rebeca. **(T)**
Rebeca's brother goes clubbing a lot. **(F)**   Gabriela loves the small café in her neigbourhood. **(F)**

5. Complete the statements

a. Rebeca and Gabriela are **cousins**.   b. Rebeca plays **tennis** with her **brothers**.
c. **Gabriela** likes to watch **shows** in the town square.   d. Rebeca's favourite museum is the **science** museum.
e. **Gabriela** does not get along with the **owner** of the local café.

TERM 2 – MIDPOINT – RETRIEVAL PRACTICE

1. Answer the following questions in Spanish

Accept any correct answer.

2. Write a paragraph in the first person singular (I) using the details below

Hola, me llamo Ana. Tengo catorce años y soy de Madrid. Vivo en una casa pequeña en el centro de Madrid. En mi familia hay cuatro personas: mi padre, mi madre, mi hermano mayor Pedro y yo.
Cerca de mi casa, hay muchas cosas que hacer. Por ejemplo, hay cafeterías, restaurantes, un cine y un parque grande. En el centro de la ciudad hay un polideportivo grande, un jardín botánico y un acuario. En mi calle hay unas tiendas pequeñas y una piscina municipal.
Me gusta mi barrio porque es muy seguro, siempre está limpio y hay mucho que hacer. Por ejemplo, en mi barrio se puede hacer natación, footing y se puede jugar al fútbol. También se puede ir de compras en el centro comercial o ir de paseo en el parque. Además, también se puede ver partidos de fútbol, ir a conciertos y visitar el castillo antiguo.

UNIT 8. Describing my street

TRANSCRIPTS

1. Multiple choice

*e.g. En mi calle hay **un centro comercial.***
a. En mi calle hay **un campo de fútbol**.   b. En mi calle hay **un restaurante** chino.
c. Cerca de mi casa hay **una zapatería**.   d. En mi calle hay **un supermercado**.
e. Cerca de mi casa hay **una carnicería**.   f. Cerca de mi casa hay **una estación de tren**.
g. En mi calle hay **una panadería**.

2. Spot the intruders

Me llamo Paula y vivo en un barrio bastante pequeño en el norte de Chile. En mi calle hay varias cosas; hay una iglesia, una zapatería, una estación de tren y un campo de fútbol. Mi casa está al lado del campo de fútbol y la iglesia. La zapatería está entre la iglesia y la estación de tren. Hay un cine a diez minutos en coche pero no hay ninguna tienda de ropa.

3. Fill in the blanks

a. Buenos días. **Soy** Xabi, tengo **quince** años y **vivo** en Tolosa, una **ciudad** en el País Vasco. Vivo en un **piso** en una calle muy **bonita** en el **centro** de la ciudad. En mi calle hay un **supermercado**, una biblioteca y una **panadería** muy mona.

b. La panadería está a la **derecha** de mi casa. La **biblioteca** está a la **izquierda** y el supermercado está al final de la **calle**, en la **esquina**. Mi casa está **entre** la panadería y **la** biblioteca. Desafortunadamente, no **hay** ningún restaurante en mi **barrio** pero sí hay un **restaurante** chino a diez **minutos** en coche.

4. Faulty translation

*e.g. El cine está **a la derecha** de la biblioteca.*
a. Mi casa está al lado de la **carnicería**.   b. **La piscina** está detrás del estadio.   c. Mi piso está **lejos** del colegio.
d. **El centro comercial** está a la izquierda de la tienda de música.   e. ¿Está la iglesia **al lado** del teatro?
f. La mezquita no está enfrente **del parque**.   g. El restaurante está cerca de **tu casa**.
h. **Mi edificio no está** delante del museo.

5. Listening slalom

e.g. En mi calle hay una piscina, una panadería y un supermercado. La panadería está enfrente del campo de fútbol
a. En mi calle hay un restaurante indio, un parque pequeño y un teatro. El parque está lejos del colegio.
b. Cerca de mi casa no hay una iglesia, pero sí hay una zapatería y un teatro. La iglesia está muy lejos de mi casa.
c. Cerca de mi edificio hay una mezquita, un parque grande y una biblioteca. La mezquita está al lado de tu casa.
d. Cerca de mi piso hay un centro comercial, una tienda de música y un restaurante chino. La tienda está cerca del restaurante.

6. Narrow listening

a. Hola, me llamo Emiliano. Soy de España pero vivo en Buenos Aires, la capital de Argentina. Vivo en una casa moderna en las afueras de la ciudad. En mi calle hay varios sitios: un parque grande, un supermercado antiguo, una piscina municipal y un restaurante italiano.

b. Mi casa está entre el parque y la piscina. Enfrente de mi casa está el supermercado y el restaurante está a la izquierda del supermercado. No hay ninguna tienda de deporte cerca de donde vivo.

7. Listen to Irene and answer the questions in English

Buenas tardes, soy Irene. Soy española pero ahora vivo en Londres, la capital de Inglaterra. Vivo con mi familia en un piso en el centro de Londres. Como vivo en una capital, cerca de mi casa hay muchas cosas. En mi calle hay muchos edificios y muchas tiendas. Además, en el centro también hay un cine, un polideportivo y un restaurante indio. Mi casa está entre el restaurante indio y una tienda de música. El cine está a la izquierda de la sinagoga y detrás de una tienda de deporte. El polideportivo está al lado de la tienda de deporte. Sin embargo, no hay ningún restaurante chino en mi barrio - ¡qué pena!

ANSWERS

UNIT 8. Describing my street: LISTENING

1. Multiple choice

e.g. A mall
a. A football pitch.   b. A restaurant.   c. A shoe shop.   d. A supermarket   e. A butcher's
f. A train station   g. A bakery

2. Spot the intruders

Me ~~Mi~~ llamo Paula y vivo en un ~~una~~ barrio bastante pequeño ~~grande~~ en el norte ~~este~~ de Chile. En mi calle ~~no~~ hay varias cosas; hay una iglesia, una ~~un~~ zapatería, una estación de tren y un campo de fútbol. Mi ~~piso~~ casa está al lado del ~~la~~ campo de fútbol y la iglesia. La zapatería está entre la iglesia y la ~~el~~ estación de tren. Hay ~~cerca~~ un cine a diez minutos en ~~tren~~ coche pero no hay ninguna tienda de ~~música~~ ropa.

3. Fill in the blanks

a. Buenos días. **Soy** Xabi, tengo **quince** años y **vivo** en Tolosa, una **ciudad** en el País Vasco. Vivo en un **piso** en una calle muy **bonita** en el **centro** de la ciudad. En mi calle hay un **supermercado**, una biblioteca y una **panadería** muy mona.

b. La panadería está a la **derecha** de mi casa. La **biblioteca** está a la **izquierda** y el supermercado está al final de la **calle**, en la **esquina**. Mi casa está **entre** la panadería y **la** biblioteca. Desafortunadamente, no **hay** ningún restaurante en mi **barrio** pero sí hay un **restaurante** chino a diez **minutos** en coche.

4. Faulty translation

*e.g. The cinema is **to the right** of the library.*
a. My house is next to **the butcher's.**   b. **The swimming pool** is behind the stadium.
c. My flat is **far from** the school.   d. **The shopping mall** is to the left of the music shop.
e. Is the church **next to** the theatre?   f. The mosque isn't opposite **the park**.
g. The restaurant is near **your house.**   h. **My building isn't** in front of the museum.

5. Listening slalom

e.g. On my street there is / a local pool, / a bakery / and a supermarket. / The bakery is / opposite / a football pitch.
a. On my street / there is / an Indian restaurant / a small park / and a theatre. / The park is / far from / the school.
b. Near my house / there isn't / a church, / but there is a shoe shop / and a theatre. / The church is / very far from / my house.
c. Near my building there is / a mosque, / a big park / and a library. / The mosque is / next to / your house.
d. Near my flat there is / a mall, / a music shop / and a Chinese restaurant. / The shop is / near / the restaurant.

6. Narrow listening

a. Hello, my **name** is Emiliano. I am from Spain but I live in **Buenos Aires**, the **capital** of Argentina. I live in a modern **house** on the outskirts of the **city**. On my **street** there are various places: a big **park**, an old **supermarket, a local pool** and an Italian **restaurant**.

b. My house is **between** the park and the pool. **Opposite** my house is the **supermarket** and the restaurant is to the **left** of the supermarket. There aren't any **sports** shops **near** where I live.

7. Listen to Irene and answer the questions in English

a. Spain   b. London, capital city of England   c. With her family   d. Lots of buildings; lots of shops
e. Cinema; sports centre; indian restaurant   f. A Chinese restaurant

UNIT 8. Describing my street: VOCAB BUILDING

1. Match

A la derecha de – To the right of   **A la izquierda de** – To the left of   **Detrás de** – Behind
Enfrente de – Opposite to   **Al lado de** – Next to   **Cerca de** – Near   **Lejos de** – Far from
En mi calle – On my street   **Mi casa está** – My house is   **En mi barrio** – In my neighbourhood
Mi edificio está – My building is   **A diez minutos en coche** – Ten minutes away by car
A cien metros de – 100 metres away from   **A diez minutos a pie** – Ten minutes away on foot

2. Complete the translations

a. On my **street**   b. **Far** from   c. **100** metres away from   d. In my **neighbourhood**   e. My **house** is
f. Not **far** from   g. My **building**   h. Ten **minutes** away   i. ... by **car**   j. **Next** to   k. **Behind** the cinema

3. Verdadero o falso

a. Verdadero   b. Verdadero   c. Falso   d. Falso   e. Falso   F. Verdadero   g. Verdadero   h. Falso

4. Faulty translation

a. On my street **there are** many shops.   b. –   c. The tennis club is **opposite** the cinema.
d. There are no clothes shops on my **street.**   e –   f. The park is behind the **train** station.
g. There's a supermarket next to the **cinema.**   h. The Chinese restaurant is 1 hour away **by car.**

5. Break the flow

a. En mi calle no hay tiendas de ropa.   b. Hay un restaurante a diez minutos a pie.
c. La panadería está al lado de la carnicería.   d. ¿Dónde está la biblioteca?
e. El restaurante chino está enfrente de la iglesia.   f. Hay un campo de fútbol detrás de mi colegio.
g. En mi calle hay muchas tiendas bonitas.   h. Hay un restaurante muy bueno cerca de mi casa.

6. Complete with the missing letters

a. Hay una igle**sia** cerca de mi ca**sa**   b. Al la**do** del supermercado hay un ci**ne**
c. Hay un parque det**rás** del restaurante   d. No hay tiendas de ro**pa** en mi calle   e. ¿Dón**de** está la bibliote**ca**?
f. Mi casa es**tá** enfrente del par**que**   g. La tien**da** está a la dere**cha** del cine   h. No ha**y** restaurantes por a**quí**

7. Multiple choice

a. 2   b. 3   c. 1   d. 2   e. 1   f. 3   g. 2   h. 3   i. 2   j. 1   k. 2   l. 3

8. Location puzzle

Club de golf			Aparcamiento		
La casa de Marta	Supermercado	**Piscina municipal**	**Tienda de ropa**	Biblioteca	**Peluquería**
Calle Barbastro					
La casa de Paco	**Gran café Viñales**	Restaurante italiano	**Bar del Pingüino**	Cancha de baloncesto	**Cine Conti**
Campo de fútbol	Tienda de juguetes	Heladería	**Jardín**		Carnicería

9. Translate into English

a. Marcelo's house is opposite the train station.
b. The local swimming pool is between the sports centre and the supermarket.
c. The library is at the end of the street.   d. To the right of the golf club there is a huge library.
e. Behind the cinema there is a running track.   f. Next to the cinema, to the left, there is a bus stop.
g. To the left of my school there is a Chinese restaurant.   h. Behind the police station there is a toy store.
i. Next to Rafa's house there is a football pitch and a basketball court.
j. Near my house there is a very big sports centre with an Olympic swimming pool.
k. The stadium is very far from my house.   l. I love my street because there are many shops.

UNIT 8. Describing my street: READING 1

1. Find the Spanish equivalent in Luisa's text

a. Pero vivo   b. Hay muchas cosas que hacer   c. Instalaciones deportivas   d. En mi calle hay
e. Una pista de patinaje   f. Hice pesas   g. Fue muy agotador   h. Hay muchas tiendas   i. A cinco minutos a pie
j. A cien metros de mi casa   k. Al final de la calle   l. Muy guay   m. Compré un par de zapatillas
n. Se puede comer muy bien   o. Al lado de mi casa   p. A la derecha   q. Comí en el restaurante chino

2. Tick the items that you can find in Luisa's text and cross out the ones you can't

a. In my neighbourhood	f. Yesterday	k. Olympic swimming pool
b. A lot of sport	g. ~~Tomorrow~~	l. Trainers
c. ~~Music shop~~	h. Very funny	m. ~~A skirt~~
d. On the left	i. ~~To do jogging~~	n. Near
e. The food was very tasty	j. Clothes shop	o. My house

3. Answer the questions in English

a. Because there are many things to do   b. Gym, skating rink, sports centre, Olympic swimming pool
c. Lifting weights   d. Five minutes away on foot   e. All sorts of things   f. 100 metres away from her house
g. At the end of the street   h. Very cool   i. Good   j. A Chinese restaurant   k. In the Chinese restaurant
l. Very tasty

UNIT 8. Describing my street: READING 2

1. Find the Spanish equivalent in Marcelo's text

a. Vivo en   b. Una ciudad muy bonita   c. En las afueras   d. Instalaciones deportivas   e. Así que
f. Un gimnasio muy viejo   g. Pequeño, feo   h. No tiene ni piscina   i. Ayer hice footing   j. El bosque
k. Cerca de mi casa   l. No muy lejos de mi casa   m. A diez minutos en coche   n. Se puede comprar de todo
o. Aquí tengo muchos amigos   p. Donde se puede comer muy bien   q. Al lado de mi casa   r. A la izquierda
s. A la derecha

2. Answer providing as many details as possible

a. It's a very beautiful and historic city in the south of Spain   b. Because there aren't many sports facilities
c. The gym is old and poorly equipped; the park is small, ugly and poorly looked after; the sports centre is very
bad, it doesn't have a swimming pool or a tennis court
d. Yesterday he did jogging in the park and rode the bike in the forest near his home
e. Not far from his home, a ten minute car ride away   f. All sorts of things   g. The videogames shops
h. He has a lot of friends here   i. an Italian restaurant   j. a Mexican restaurant   k. In the Mexican restaurant
l. Tasty and spicy

3. Tick the items that you can find in Marcelo's text

a. -   b. En bici   c. A la derecha   d. Cerca   e. Todo   f. -   g. Mucho   h. Mejor   i. -   j. Sabrosa   k. -   l. Agotador
m. Se puede   n. Canchas

UNIT 8. Describing my street: WRITING & TRANSLATION

1. Translate into English

a. To the right of the school   b. Near my house   c. Opposite the cinema   d. In front of the supermarket
e. At the end of the street   f. Not far from my house   g. Next to the swimming pool   h. A 5 minute walk away
i. 100 metres from my house

2. Sentence puzzle

a. En mi barrio hay muchas tiendas.   b. Hay un gimnasio al lado de mi casa.   c. La piscina está al final de la
calle.   d. Mi colegio no está lejos de mi casa.   e. El cine está entre el parque y la biblioteca.

3. Find in the wordsearch

On the left – **A la izquierda**   It is near – **Está cerca**   On foot – **A pie**
By car – **En coche**   On the right there is – **A la derecha hay**
Near my house – **Cerca de mi casa**   In my neighbourhood – **En mi
barrio**   It isn't far – **No está lejos**   The shop – **La tienda**
At the end of the road – **Al final de la calle**

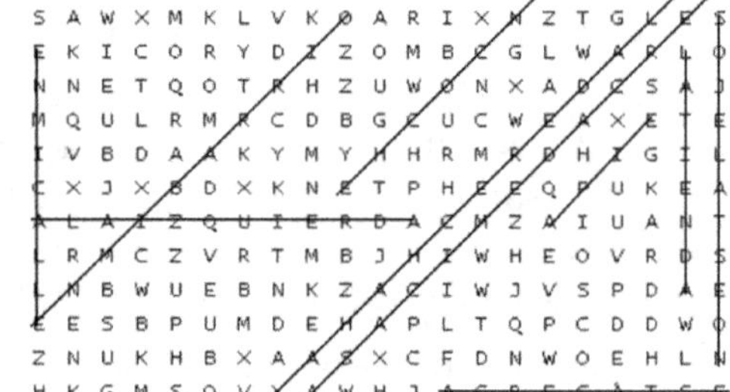

4. Tick the words below which are names of shops

a, d, e

5. Complete with the missing letters

a. Una pana**dería**   b. Una **car**nice**ría**   c. Un par**que**   d. Una bi**blio**teca   e. Una tie**nda** de m**úsica**
f. Un **edifi**cio   g. Una **tie**nda de **de**porte

6. Complete with the missing words

a. En mi calle hay muchas **tiendas**   b. La panadería está a cinco minutos a **pie**
c. La biblioteca está al **lado** de mi colegio   d. La **carnicería** está allí, a la **derecha**
e. Mi coche está **delante** del supermercado   f. El estadio está muy **lejos** de mi casa
g. La piscina está al **final** de la calle   h. En mi **calle** no hay muchas **tiendas**
i. **Detrás** de mi edificio hay un parque

7. Translate into Spanish

a. **Al lado** de mi **casa**   b. **Enfrente** de mi **edificio**   c. **Lejos de aquí**   d. A la **derecha**   e. A la izquierda
f. **Cerca** de mi **casa**   g. **Detrás de la carnicería**   h. **Al lado** de la **panadería**

8. Write a paragraph

Accept any suitable answers.

TERM 2 – BRINGING IT ALL TOGETHER – 8

1. Answer the following questions in English

a. The 17th of February.   b. His dad because he is patient and intelligent.
c. He has to do chores and his homework.   d. There is lots to do.   e. Good shops.
f. It is very well looked after and never dirty.   g. At 8:00 and 21:00.   h. A restaurant.
i. At the end of the street.   j. Watch a film at the cinema.

2. Find the Spanish equivalent in Rafa's text

a. Hijo único   b. Me obliga   c. Limpio el baño   d. En el salón   e. Suelo   f. Por la noche   g. Tomar un helado
h. Todos los días   i. Entre la iglesia   j. A diez minutos   k. Este fin de semana   l. A la izquierda   m. Si llueve

3. Complete the translation of paragraph 5

On my **street**, there is a **restaurant**, a **small** park and a very **old** church. My house is **opposite** the restaurant.
The park is **between** the **church** and the restaurant. At the **end** of the street, there is also a **train station** and a
small **shop**. The worst thing is that the **sports centre** is a ten minute **bus** ride away.

4. True (T), False (F) or Not Mentioned (NM)?
Miguel is Facundo's uncle. **(F)**   Miguel lives ten minutes away. **(T)**   Facundo lives in Poble Nou. **(F)**
Facundo's neighbourhood is calm. **(T)**   Miguel does not like tennis. **(NM)**   Miguel does not like noise. **(T)**
Miguel lives close to a stadium. **(T)**   Facundo's house is next to a shoe shop. **(F)**
Facundo does not like his street. **(F)**   Facundo's neighbourhood is dangerous. **(F)**
Facundo loves to do sport. **(T)**   Miguel prefers shopping at the shopping mall. **(T)**
Facundo lives close to the shopping mall. **(F)**

5. Complete the statements

a. **Facundo** lives in El Ravalet.   b. There isn't much to do in **Facundo's** neighbourhood.
c. There is quite a lot to do in **Miguel's** neighbourhood.   d. There is a Chinese restaurant on **Facundo's** street.
e. **Miguel** can go shopping whenever he wants.

UNIT 9. Describing my home and furniture

TRANSCRIPTS

1. Multiple choice

e.g. Me gusta mi casa porque es acogedora.
a. Me encanta mi casa porque es **bonita**.   b. No me gusta mi casa porque **no está bien amueblada**.
c. Me gusta mi piso porque es muy **moderno**.   d. No me gusta mi piso porque es **feo**.
e. Me gusta mi casa porque está **limpia**.   f. Me encanta mi piso porque es **espacioso**.
g. No me gusta mi piso porque es **pequeño**.

2. Complete the words

a. Edificio   b. Montaña   c. Habitaciones   d. Jardín   e. Pequeña   f. Acogedora   g. Espacioso   h. Lavaplatos
i. Espejo

3. Fill in the blanks

a. Vivo en una **casa** en la **montaña**.   b. En mi casa **hay** seis **habitaciones**.   c. Por **ejemplo**, hay una **cocina** y un salón.
d. También hay un **sótano** y un **garaje**.   e. En la **cocina** hay una **nevera** y una mesa.
f. En el **salón** hay dos **sillones** y un sofá.   g. En mi habitación hay una **cama** y **cortinas**.

4.   Spot the intruders

Hola, soy Andrés. Vivo en una casa en la costa. En mi casa hay siete habitaciones, como mi dormitorio y una sala de juegos. También hay un desván y un jardín. Me gusta mi casa porque es acogedora y grande. Sin embargo, mi casa es un poco fea. En la cocina hay un lavaplatos y en el salón hay una televisión. En mi habitación hay un ordenador y una cama.

5. Faulty translation

a. Vivo en una casa **grande en el centro de la ciudad**. En mi casa hay **cinco** habitaciones y **dos** cuartos de baño.
b. Vivo en **un piso** en la costa. En mi piso hay **una cocina**, **un salón** y un cuarto de baño.
c. Vivo en una casa **en las afueras**. En mi **casa** hay **una sala de juegos** pero no hay **un garaje**.
d. También hay un sótano y un **garaje**. **Me gusta** mi casa porque es **bonita** y acogedora. **No me gusta** porque está **sucia**.
e. Me gusta **mi piso** porque es grande y **espacioso**. No me gusta **mi piso** porque **no es** luminoso.
f. Me gusta **mi casa** porque está **limpia** y antigua. **No me gusta** mi casa porque es **pequeña y fea**.
g. En mi casa hay una cocina **moderna**. En la cocina hay un horno, **un lavaplatos** y **una despensa**.

6. Listening slalom

a. En mi casa hay ocho habitaciones: tres dormitorios, un salón, una sala de juegos, una cocina y dos cuartos de baño.
b. En mi piso hay cinco habitaciones: un salón, un cuarto de baño, una cocina, un desván y mi dormitorio.
c. En tu casa hay siete habitaciones: dos dormitorios, una cocina, un salón, un comedor y dos salas de juego.
d. En su piso hay seis habitaciones: una cocina, un comedor, dos salones, una sala de juegos y su dormitorio.

7. Narrow listening

a. Hola, soy Aitana y vivo en Bogotá, la capital de Colombia. Vivo en una casa en las afueras de la ciudad. En mi casa hay cinco habitaciones: un salón, una cocina, un cuarto de baño, el dormitorio de mis padres y mi dormitorio. Bueno, también hay un garaje.

b. Me gusta mi casa porque es acogedora y bonita, aunque también es pequeña. Sin embargo, no me gusta mi casa porque no es luminosa. En la cocina hay un horno y una nevera, y en el salón hay una televisión nueva y un sofá grande. En mi habitación no hay mucho; solo hay una cama y un armario.

8. Listen to Antonio and answer the questions in English

a. Buenos días. Soy Antonio y tengo trece años. Vivo en Montevideo, la capital de Uruguay. Vivo en un piso en el centro de la ciudad. En mi piso hay siete habitaciones: tres dormitorios, un salón, una cocina, un comedor y un cuarto de baño. No hay jardín.

b. Me gusta mi piso porque es acogedor y bonito. Sin embargo, es muy antiguo y no es luminoso. En la cocina hay un horno, un lavaplatos y una nevera. En el salón hay un sofá y una televisión. En mi habitación hay una cama, un escritorio y un ordenador. No hay un espejo.

ANSWERS

Unit 9. Describing my home and furniture: LISTENING

1. Multiple choice

e.g. Cosy
a. Beautiful   b. Not well furnished   c. Modern   d. Ugly   e. Clean   f. Spacious   g. Small

2. Complete the words

a. Ed**i**ficio   b. Montaña   c. **H**abitaciones   d. **J**ardín   e. Pe**q**ueña   f. **A**cogedora   g. **E**spa**c**ioso   h. Lava**p**latos
i. Es**pejo**

3. Fill in the blanks

a. Vivo en una **casa** en la **montaña**.   b. En mi casa **hay** seis **habitaciones**.
c. Por **ejemplo**, hay una **cocina** y un salón.   d. También hay un **sótano** y un **garaje**.
e. En la **cocina** hay una **nevera** y una mesa.   f. En el **salón** hay dos **sillones** y un sofá.
g. En mi habitación hay una **cama** y **cortinas**

4. Spot the intruders

Hola, soy Andrés. ~~Mi~~ Vivo en una ~~piso~~ casa en la costa. En mi ~~la~~ casa hay siete habitaciones, como mi dormitorio y una ~~el~~ sala de juegos. También hay ~~tener~~ un desván y un jardín. Me ~~no~~ gusta mi casa porque es ~~no~~ acogedora y ~~o~~ grande. Sin embargo, mi ~~piso~~ casa es un poco fea ~~feo~~. En la cocina ~~baño~~ hay un lavaplatos y en el salón hay una televisión. En mi habitación hay un ~~una~~ ordenador y una ~~sillón~~ cama.

5. Faulty translation

a. I live in a **big** house in the **city centre**. In my house there are **five** rooms and **two** bathrooms.
b. I live in a **flat** on the coast. In my flat there is a **kitchen**, a **living room** and a bathroom.
c. I live in a house **on the outskirts**. In my **house** there is a **playroom** but there isn't a **garage**.
d. There is also a basement and a **garage**. **I like** my house because it is **pretty** and cosy. I **don't like** my house because it is **dirty**.   e. I like **my** flat because it is **big** and **spacious**. I don't like my **flat** because it **isn't** well lit.
f. I like my **house** because it is **clean** and old. **I don't like** my house because it is **small** and **ugly.**
g. In my **house** there is a **modern** kitchen. In the kitchen there is an oven, a **dishwasher** and a **pantry**.

6. Listening slalom

a. In my house | there are 8 rooms: | 3 bedrooms, | a living room, | a playroom, | a kitchen, | and two bathrooms.
b. In my flat | there are 5 rooms: | a living room, | a bathroom, | a kitchen, | an attic, | and my bedroom.
c. In your house | there are 7 rooms: | two bedrooms, | a kitchen, | a living room, | a dining room, | and 2 play rooms.
d. In his flat | there are 6 rooms: | a kitchen, | a dining room, | 2 living rooms, | a play room, | and his bedroom.

7. Narrow listening

a. Hello, I **am** Aitana and I live in Bogotá, the **capital** of Colombia. I **live** in a house on the **outskirts** of the city. In my **house** there are **five** rooms: a living room, a **kitchen**, a **bathroom**, my parents' bedroom and my **bedroom**. Well, there is also a **garage**.

b. I like my house because it is **cosy** and **beautiful**, even though it is also **small**. However, I don't like my house **because** it isn't **well lit**. In the kitchen there is an **oven** and a **fridge**, and in the living room there is a new **TV** and a **big** sofa. In my **bedroom** there isn't much; there is only a **bed** and a **wardrobe**.

8. Listen to Antonio and answer the questions in English

Part 1 – a. 1. 13 years old 2. Montevideo, Uruguay; in a flat; in the city centre 3. Seven rooms 4. A garden

Part 2 – b. 1. Cosy and beautiful 2. It is old and not well lit 3. An oven, a dishwasher and a fridge
4. A sofa and a TV 5. A bed, a desk and a computer 6. A mirror

Unit 9. Describing my home and furniture: VOCAB BUILDING

1. Translate into English

a. In the countryside b. On the outskirts c. In the kitchen d. In the living room e. In the playroom
f. In the attic g. In the garden h. In the garage i. In my bedroom j. In my parents' bedroom
k. In my brother's bedroom l. In the basement

2. Match

Una despensa – A pantry **Una cama** – A bed **Una estantería** – A bookshelf **Una silla** – A chair
Un sillón – An armchair **Un escritorio** – A desk **Una alfombra** – A carpet **Una televisión** – A television
Una nevera – A fridge **Un horno** – An oven **Unas cortinas –** Some curtains

3. In Spanish, write in which rooms the following objects are most likely to be found

Note: You might keep these things in other rooms. Accept other logical answers. ☺

a. El salón, el comedor b. El dormitorio c. El salón, el dormitorio d. El salón
e. El cuarto de baño f. El cuarto de baño g. La cocina h. El dormitorio
i. El dormitorio j. La sala de juegos k. El dormitorio l. El salón, el comedor m. El garaje
n. El jardín o. El salón, el comedor, el dormitorio p. El cuarto de baño

4. Complete with the missing letters

a. La du**cha** b. La me**sa** c. La ca**ma** d. El escri**torio** e. El **ár**bol f. La si**lla** g. Los jugu**etes**

5. Write likely or unlikely

e.g. Unlikely
a. Unlikely b. Likely c. Unlikely d. Unlikely e. Likely

6. Multiple choice

a. 1 b. 3 c. 2 d. 1 e. 2 f. 3 g. 1 h. 2 i. 1 j. 2 k. 3

7. Faulty translation

a. In the kitchen there is a table and four chairs. b. In my bedroom there are red curtains. c. –
d. In our garden there aren't any trees. e. – f. Beside my bed there is a coffee table.
g. The mirror is near the door. h. – i. In the kitchen there is a big oven.

8. Spot the hidden phrases, fill in the gaps and translate into English

a. Un d**ormitorio** peque**ño** – A small bedroom b. Una **cama** gran**de** – A big bed
c. Un j**ardín** ver**de** – A green garden d. Una **cocina** li**mpi**a – A clean kitchen
e. Un **escri**torio mo**der**no – A modern desk f. Un **come**dor muy **bonito** – A very beautiful living room
g. Un s**alón** b**ien** am**uebl**ado – A well furnished living room

9. Write Verdadero (true) or Falso (false)

a. Verdadero   b. Falso   c. Falso   d. Verdadero   e. Falso   f. Verdadero   g. Verdadero   h. Falso   i. Falso
j. Verdadero   k. Verdadero

Unit 9. Describing my home and furniture: READING 1

1. Answer the questions in English

a. On the outskirts   b. Climbing wall, skating rink, slide   c. Often   d. Play frisbee, do jogging, ride the bike
e. Gym, swimming pool   f. Seventh floor   g. Kitchen, living room, two bathrooms, playroom, three bedrooms
h. Because it's very cosy and well decorated   i. A wardrobe (spacious)   j. Bedside table and armchair
k. A desk   l. The TV   m. Listens to music, reads books and magazines, does his homework

2. Find the Spanish equivalent in Pedro's text

a. Cerca de mi casa   b. Un rocódromo   c. Montar en bici   d. A cien metros a pie   e. En la séptima planta
f. Una sala de juegos   g. El dormitorio de mi hermana mayor   h. Es muy acogedor   i. Al lado del escritorio
j. En la esquina   k. Detrás de la televisión   l. A la derecha de la ventana

3. Spot the FIVE words on the list below which are not contained in Pedro's text

a. Moto   j. Desván   k. Lejos   m. Luminoso   o. Paseo

Unit 9. Describing my home and furniture: READING 2

1. Complete the sentences based on Paco's text

a. He lives with his family in an historic building in the centre of the city.
b. In the parks there is a lot of space to play.
c. (Accept any 3 details) In his neighbourhood there are many monuments, theatres, cinemas, restaurants,
outdoors bars, many beautiful shops and a big aquarium.
d. His building is very old.   e. (Accept any 3 details) In his flat there is a kitchen, a living room, a dining room,
two bathrooms, a playroom and two bedrooms.
f. His favourite room is his bedroom because it's very cosy, well furnished and well decorated.
g. The bed is big and comfy.   h. To the right of the bed there is a bedside table and a mirror.
i. There is a big wardrobe in the corner.   j. The TV is small but new.
k. Behind the TV there is a very large window.

2. Faulty translation

My favourite room is my bedroom because it is very **cosy** and is very well furnished and decorated. There is a
very big and **comfy** bed. To the left of the bed there is a very spacious **desk**. To the right there is a
bedside/night table and a **mirror**. In the **corner**, there is a huge **wardrobe**. Next to the wardrobe, **opposite**
the bed, is my computer and a television. The television is very small, but **new**. **Behind** the television there is a
very large window. To the right of the window there is an armchair. I spend a lot of time in my bedroom
listening to music, **playing on my computer**, **reading** and doing my homework.

3. List as many words from Paco's text as possible, under the following headings

Adjectives: histórico, bonito, antiguo, acogedor, grande, cómoda, espacioso, enorme, pequeña, nueva, grande
Furniture: cama, escritorio, mesita de noche, espejo, armario, sillón
Verbs: me llamo, vivo, me encanta, hay, ver, hacer, jugar, voy, es, paso, escuchando, jugando, tocando, leyendo,
haciendo
Locative adverbs/prepositions: cerca de, a la izquierda de, a la derecha de, al otro lado de, al lado de,
enfrente de, detrás de

Unit 9. Describing my home and furniture: WRITING & TRANSLATION

1. Arrange the words in each sentence in the correct order

a. En mi dormitorio no hay ni una televisión ni un ordenador.
b. En la cocina hay una mesa, dos sillas, una nevera, un horno y una despensa.
c. En el salón hay dos sillones, una alfombra, un sofá y una televisión.
d. No hay sillas en mi dormitorio pero hay un sillón muy cómodo.
e. El espejo está al lado de la puerta y la ventana está detrás del escritorio.

2. Translate into Spanish

a. **Una silla bonita**   b. **Una cocina luminosa**   c. **Una alfombra roja**   d. **Unas cortinas azules**
e. **Un piso espacioso**   f. **Un armario antiguo**   g. **Una cama cómoda**   h. **Un edificio**   i. **Una televisión nueva**

3. Complete with a suitable word (accept any other correct suggestions)

a. En mi barrio hay muchas **tiendas buenas, etc.**   b. Mi habitación favorita es la **cocina** porque es **luminosa, espaciosa, etc.**   c. Al lado del armario hay una **silla, televisión, etc.**   d. El espejo **está** al lado de la **puerta, ventana, etc.**   e. En mi casa **hay** siete habitaciones   f. Me encanta mi **dormitorio** porque tengo una **televisión** grande.

4. Insert *de la* o *del* as appropriate

a. De la   b. Del   c. De la   d. Del   e. Del   f. Del   g. De la   h. Del

5. Spot and add the missing words

a. La cocina **está** al lado del comedor.   b. En mi casa **hay** siete habitaciones.
c. En el salón hay **una** alfombra roja.   d. Vivo **en** un edificio antiguo.   e. El espejo está **al** lado de la puerta.
f. Me encanta **la** cocina.   g. La televisión está enfrente **de** mi cama.
h. El dormitorio de **mis** padres es muy grande.

6. Translate into Spanish

a. **En mi piso hay seis habitaciones.**   b. **Mi habitación favorita es...**
c. **También me encanta mi dormitorio.**   d. **Mi dormitorio es muy acogedor.**
e. **También hay un escritorio grande.**   f. **Hay una cama grande y cómoda.**
g. **Vivo en un edificio moderno.**   h. **No me gusta mi salón.**

7. Spot and correct the grammar and spelling mistakes

a. En mi dormitorio **hay** un escritorio muy grande.   b. En mi casa hay seis habitaci**ones.**
c. En mi barrio hay muchas **tiendas buenas.**   d. Mi **habitación** favorita **es** el salón.
e. Mi dormitorio es muy grande y acogedor**a.**   f. Vivo **en** un edificio antiguo.
g. El salón **está** muy bien amueblado.   h. Al lado de **la/mi** cama hay una mesita **de** noche.
i. Me encanta mi casa porque **es** muy bonita.

8. Complete each sentence with an appropriate verb

a. Llama   b. Es   c. Está   d. Hay   e. Puede; hacer; comprar   f. Encanta   g. Está   h. Paso   i. Hago   j. Juego
k. Monto   l. Gusta

9. Translate into Spanish

Vivo en un barrio bonito en las afueras de Sevilla, una ciudad en el sur de España. Me gusta mucho mi barrio porque hay muchas cosas que hacer para la gente de mi edad. Hay muchas tiendas buenas, dos parques bonitos, tres centros comerciales grandes y muchas instalaciones deportivas. También hay muchos bares y restaurantes.

Vivo en un piso grande en un edificio moderno. En mi piso hay siete habitaciones. Mi habitación favorita es mi dormitorio porque es espacioso y está bien amueblado. También, la cama es grande y cómoda y hay un escritorio grande con un ordenador nuevo.

Unit 9. Describing my home and furniture: WRITING & TRANSLATION

1. Write two 80-100 word paragraphs in the first person

Vivo en Bilbao. Mi barrio está en el centro de la ciudad. Me gusta mi barrio porque hay muchas tiendas buenas e instalaciones deportivas excelentes. Hay muchos bares y restaurantes, y hay un parque bonito cerca de mi casa. Vivo en una casa con siete habitaciones y mi habitación favorita es mi dormitorio, porque es espacioso, luminoso y está bien amueblado. Odio el salón porque no está bien amueblado, es pequeño y el sofá es antiguo y feo.

Mi casa es grande y moderna. Me encanta mi salón porque está bien amueblado y es luminoso. En el salón hay un sofá grande. Al lado del sofá hay una mesa pequeña/mesita y enfrente del sofá hay una televisión. También me encanta mi dormitorio porque es acogedor. En mi dormitorio hay una cama grande y cómoda. Al lado de la cama hay una mesita de noche y al lado de la mesita de noche hay un armario enorme. Enfrente del armario hay un escritorio grande con un ordenador.

2. Write a paragraph in Spanish in the first person

Vivo en Buenos Aires, la capital de Argentina. Vivo en las afueras, en un barrio residencial. Me gusta mi barrio porque se puede hacer mucho deporte. Hay muchas instalaciones deportivas, como gimnasios, un polideportivo, dos campos de fútbol, algunos clubs de tenis y golf, algunas piscinas y un estadio. También hay un centro comercial enorme, un parque bonito y un río. El fin de semana pasado hice mucho deporte. Hice ciclismo en el parque, hice pesas en el gimnasio, jugué al fútbol con mis amigos del colegio y fui a mi centro comercial favorito con mi novio/novia. Lo pasé muy bien. En mi calle hay muchas tiendas y restaurantes buenos. Por ejemplo, hay un restaurante italiano bueno al lado de mi casa. En mi piso hay siete habitaciones: una cocina, dos cuartos de baño, tres dormitorios y un salón. Mi habitación favorita es el salón, porque es grande, está bien amueblado y es luminoso. También hay un sofá muy cómodo y una televisión nueva. El sofá está enfrente de la televisión. A la izquierda del sofá hay un sillón y a su derecha hay una planta grande. Delante del sofá hay una pequeña mesa/mesita negra. Entre el sofá y la televisión hay una alfombra antigua.

TERM 2 – BRINGING IT ALL TOGETHER – 9

1. Answer the following questions in English

a. A town   b. She is a teacher.
c. It isn't dangerous and there's a good atmosphere (people playing music on the street).
d. He goes to the park or the local pool.   e. A music shop and a supermarket.   f. A sports centre.
g. Three.   h. A dishwasher.   i. He stays at home and watches a film in the living room.
j. Plays on the PlayStation after school.

2. Find the Spanish equivalent in Benito's text

a. Somos   b. Trabajadora   c. Cerca de mi casa   d. Cuando hace calor   e. Entre   f. Enfrente
g. En las afueras   h. También hay   i. Tenemos que   j. Tengo un   k. Su casa   l. No tiene   m. Donde jugamos

3. Complete the translation of paragraph 5

In the **kitchen**, there is an **oven**, a table, a **fridge** and **some** chairs. There isn´t a **dishwasher** therefore we have to wash the **dishes** in the sink. In the living room, there is a **green** sofa, a big **rug** and a **quite** modern TV. When it **rains**, I **stay** at home to **watch** a **film** in the living room. In my bedroom, I **have** a **computer**, a bed and a **wardrobe**.

4. True (T), False (F) or Not Mentioned (NM)?

Pablo wants to sell his house. **(F)**   Esther lives in the city centre. **(F)**   Esther likes her house. **(T)**
Esther's house is quite big. **(F)**   There are five bedrooms. **(T)**   There are two bedrooms. **(T)**
Esther's house is next to a church. **(NM)**   The garden is very spacious. **(T)**   The kitchen has a coffee table. **(F)**
The kitchen is Esther's favourite room. **(F)**   Esther's armchair is pink. **(T)**
The bedrooms are well furnished. **(T)**   The curtains are green. **(F)**

5. Complete the statements

a. **Esther** wants to move to the **city centre**.   b. Esther's house is **cosy**, very beautiful, **well lit** and clean.
c. There is a spacious **garden** but there is not a **garage**.   d. The pantry is **very beautiful**.
e. **Pablo** thanks **Esther** for **her** time.

END OF TERM 2 – QUESTION SKILLS

TRANSCRIPTS

1. Fill in the missing words

a. ¿Dónde vives?   b. ¿Qué hay en tu ciudad?   c. ¿Te gusta tu barrio? ¿Por qué?

d. ¿Qué se puede hacer en tu barrio?   e. ¿Adónde se puede ir?   f. ¿Qué se puede ver y visitar?

g. ¿Qué hay en tu calle?   h. ¿Dónde está tu casa?   i. ¿Qué sitios hay en tu barrio?

j. ¿Cuántas habitaciones hay en tu casa?   k. ¿Te gusta tu casa? ¿Por qué?   l. ¿Qué hay en la cocina?

m. ¿Qué hay en el salón?   n. ¿Qué tienes en tu dormitorio?

2. Choose the option that you hear

a. Vivo en el norte de España.   b. Hay un cine.   c. Me gusta porque es seguro.   d. Se puede hacer natación.

e. Se puede ir al casco antiguo.   f. Se puede visitar el castillo.   g. Hay una iglesia en la esquina.

h. Está detrás del teatro.   i. Hay un polideportivo.   j. En mi casa hay cinco habitaciones.

k. No me gusta porque es pequeña.   l. En la cocina hay un horno.   m. En el salón hay una mesita.

n. Tengo un ordenador.

3. Listen and write in the missing information

a. Vivo en Liverpool, una ciudad en el noroeste de Inglaterra.

b. En mi ciudad, tenemos muchas calles bonitas y varios edificios grandes.

c. Me gusta mi barrio porque no es peligroso y está bien cuidado.

d. En mi barrio se puede hacer turismo en el centro de la ciudad.

e. Se puede ir de compras en el centro comercial nuevo.

f. Se puede ver un partido de fútbol en el estadio o visitar museos.

g. En mi calle hay un supermercado, un parque pequeño y una zapatería.

h. Mi casa está a diez minutos a pie de la biblioteca y la piscina.

i. En mi barrio hay un mercado antiguo en la plaza mayor y un centro comercial.

j. En mi casa hay siete habitaciones y también hay un desván.

k. Me encanta mi casa porque está bien amueblada y es muy bonita.

l. En la cocina hay un lavaplatos, un horno, una nevera y una despensa.

m. En el salón hay un sillón rojo y una alfombra naranja.

n. En mi dormitorio tengo unas estanterías, una televisión y un ordenador.

ANSWERS

1. Fill in the missing words

a. ¿Dónde vives?   b. ¿Qué hay en tu ciudad?   c. ¿Te gusta tu barrio? ¿Por qué?

d. ¿Qué se puede hacer en tu barrio?   e. ¿Adónde se puede ir?   f. ¿Qué se puede ver y visitar?

g. ¿Qué hay en tu calle?   h. ¿Dónde está tu casa?   i. ¿Qué sitios hay en tu barrio?

j. ¿Cuántas habitaciones hay en tu casa?   k. ¿Te gusta tu casa? ¿Por qué?   l. ¿Qué hay en la cocina?

m. ¿Qué hay en el salón?   n. ¿Qué tienes en tu dormitorio?

2. Choose the option that you hear

a. Norte   b. Cine   c. Seguro   d. Natación   e. Casco antiguo   f. Castillo   g. Iglesia   h. Teatro

i. Polideportivo   j. Cinco   k. Pequeña   l. Horno   m. Mesita   n. Ordenador

3. Listen and write in the missing information

a. **Vivo** en Liverpool, una **ciudad** en el **noroeste** de Inglaterra.
b. En mi ciudad, **tenemos** muchas calles **bonitas** y varios **edificios** grandes.
c. Me gusta mi **barrio** porque no es **peligroso** y **está** bien cuidado.
d. En mi barrio se **puede** hacer **turismo** en el **centro** de la ciudad.
e. Se puede **ir** de compras en el centro **comercial nuevo**.
f. Se puede **ver** un **partido** de fútbol en el **estadio** o visitar museos.
g. En mi **calle** hay un **supermercado**, un parque **pequeño** y una zapatería.
h. Mi casa **está** a diez minutos a pie de la **biblioteca** y la **piscina**.
i. En mi barrio **hay** un mercado **antiguo** en la **plaza** mayor y un centro comercial.
j. En mi casa hay **siete** habitaciones y también **hay** un **desván**.
k. Me **encanta** mi casa porque está bien **amueblada** y es **muy** bonita.
l. En la **cocina** hay un **lavaplatos**, un **horno**, una nevera y una despensa.
m. En el salón hay un **sillón rojo** y una alfombra **naranja**.
n. En mi **dormitorio** tengo unas **estanterías**, una **televisión** y un ordenador.

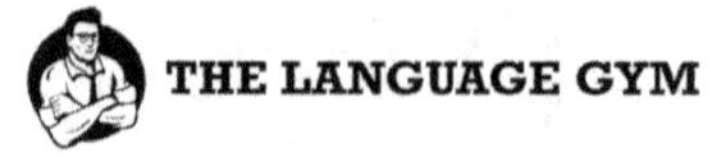

TERM 3

UNIT 10. Saying what I did in my neighbourhood

TRANSCRIPTS

1. Multiple choice

*e.g. El domingo pasado fui **al parque**.*
a. Ayer vi una película **en el centro comercial**.
b. Hace tres días jugué al fútbol con mis amigos **en el polideportivo**.
c. El viernes pasado visité castillos **en el casco antiguo**.
d. El fin de semana pasado hice equitación **en la plaza mayor**.
e. Ayer visité palacios históricos **en Madrid**.
f. Anteayer fui a un concierto de Rosalía **en el centro de la ciudad**.
g. El sábado pasado hice footing con mi hermano **en el bosque**.

2. Complete the words

a. Nata**ción**   b. **J**ugué   c. Equita**ción**   d. Espect**á**culo   e. Castill**o**   f. M**ejor**   g. Pis**cina**
h. No**vio**   i. El bos**que**

3. Fill in the blanks with a suitable verb

a. Ayer **vi** un espectáculo de danza.   b. Hace tres días **visité** las ruinas romanas.
c. Anteayer **hice** deporte en el parque.   d. El viernes pasado **toqué** la guitarra.
e. Esta mañana **vi** una película.   f. El jueves pasado **hice** senderismo.   g. Ayer no **fui** de paseo contigo.
h. Anteayer no **vi** el partido de fútbol.

4.   Spot the intruders

¿Qué hice el fin de semana pasado? Pues, hice muchas cosas. El viernes, fui a un concierto de Rosalía. Después, jugué a videojuegos en casa. Hace tres días, hice footing en el bosque con mi hermano y también hice natación en el polideportivo. Además, visité castillos en el casco antiguo.

5. Faulty translation

e.g. Anteayer fui de paseo con mis amigos.
a. Hace tres días hice **turismo en el centro de la ciudad.**   b. Anteayer **visité castillos** en el casco antiguo.
c. El fin de semana pasado **vi una película** con mi mejor amigo.   d. Ayer **jugué al fútbol** con mis primas.
e. **Anteayer** hice equitación en el estadio.   f. El viernes pasado visité galerías de arte **en la plaza mayor.**
g. Hace dos días jugué al tenis **en el club de tenis.**   h. **Ayer** fui de compras en el centro comercial.

6. Listening slalom

a. Ayer fui de paseo en el parque con mi amigo.   b. Hace dos días jugué al fútbol en el estadio con mis amigos.
c. El fin de semana pasado visité museos en el casco antiguo con mi madre.
d. Hace tres días vi una película en el cine de mi barrio.
e. El viernes pasado hice footing en el bosque cerca de mi casa.

7. Narrow listening

¿Qué hice el fin de semana pasado? Hice muchas cosas. El viernes pasado vi una película en el cine de mi barrio con mi primo y me encantó. El sábado fui de paseo al parque con mi novio a las once de la mañana. Después fui de compras en el centro comercial con mis padres. El domingo por la mañana hice natación en la piscina con mi hermana y por la tarde visité mi galería de arte favorita.

8. Listen to Juan and answer the questions in English

Hola, me llamo Juan y vivo en Quito, la capital de Ecuador. El fin de semana pasado hice muchas cosas. El viernes pasado jugué al fútbol con mis amigos en el polideportivo. El sábado por la mañana visité museos en el casco antiguo y después vi un espectáculo de flamenco en la plaza mayor con mis amigos. El domingo no hice mucho - solo vi una película en casa y jugué a videojuegos con mi hermano.

ANSWERS

Unit 10. Saying what I did in my neighbourhood: LISTENING

1. Multiple choice

e.g. The park
a. The shopping mall   b. The sports centre   c. The old town   d. The town square   e. In Madrid
f. The city centre   g. The woods

2. Complete the words

a. Nata**ción**   b. **J**ugué   c. **E**quitación   d. **E**spectáculo   e. **C**astillo   f. M**ejor**   g. Pi**scina**   h. No**vio**   i. El bos**que**

3. Fill in the blanks with a suitable verb

a. Ayer **vi** un espectáculo de danza.   b. Hace tres días **visité** las ruinas romanas.
c. Anteayer **hice** deporte en el parque.   d. El viernes pasado **toqué** la guitarra.   e. Esta mañana **vi** una película.
f. El jueves pasado **hice** senderismo.   g. Ayer no **fui** de paseo contigo.   h. Anteayer no **vi** el partido de fútbol.

4. Spot the intruders

¿Qué hice ~~la~~ el fin de semana pasado? Pues, hice ~~muchos~~ muchas cosas. El viernes, fui ~~voy~~ a un concierto de Rosalía. Después, jugué ~~los~~ a videojuegos en ~~la~~ casa. Hace tres ~~dos~~ días, hice ~~deporte~~ footing en ~~la~~ el bosque con mi ~~hermana~~ hermano y también hice ~~equitación~~ natación ~~con~~ en el polideportivo. Además, ~~vi~~ visité castillos en el casco antiguo.

5. Faulty translation

*e.g. **The day before yesterday** I went for a walk with my friends.*
a. Three days ago I did tourism **in the city centre**.
b. The day before yesterday **I visited castles** in the old town.
c. Last weekend **I watched a film** with my best friend.   d. Yesterday **I played football** with my cousins.
e. **The day before yesterday** I did horse riding in the stadium.
f. Last Friday I visited galleries **at the town square**.   g. Two days ago I played tennis **at the tennis club**.
h. **Yesterday** I went shopping at the shopping mall.

6. Listening slalom

a. Yesterday I went for a walk in the park with my friend.
b. Two days ago I played football in the stadium with my friends.
c. Last weekend I visited museums in the old town with my mother.
d. Three days ago I watched a film at the cinema in my neighbourhood.
e. Last Friday I did jogging in the woods near my house.

7. Narrow listening

What **did I do** last weekend? I did **many** things. Last **Friday** I watched a **film** at the **cinema** in my neighbourhood **with** my **cousin** and I loved it. On **Saturday** I went for a walk in the **park** with my **boyfriend** at **11** o'clock in the morning. After **I** went shopping at the **shopping mall** with **my** parents. On Sunday morning I did **swimming** in the **swimming pool** with my sister **and** in the afternoon **I visited** my favourite **art gallery**.

8. Listen to Juan and answer the questions in English

a. Ecuador   b. Played football   c. The sports centre   d. On Saturday morning   e. In the old town
f. In the town square   g. His friends   h. He watched a movie / played video games (at home / with brother)

Unit 10. Saying what I did in my neighbourhood: VOCAB BUILDING

1. Match

Hice deporte – **I did sport**   Fui de paseo en el parque – **I went for a walk in the park**
Fui al casco antiguo – **I went to the old town**   Fui a la piscina municipal – **I went to the local swimming pool**
Fui al cine nuevo – **I went to the new cinema**   Fui de marcha – **I went clubbing**   Hice footing – **I did jogging**
Fui a la pista de patinaje – **I went to the skating rink**   Fui de compras – **I went shopping**
Fui a un concierto – **I went to a concert**   Vi un partido de rugby – **I watched a rugby match**
Visité unas galerías de arte – **I visited some art galleries**

2. Complete with the past tense of *hacer, ir, ver, visitar* or *comprar*

a. **Hice** senderismo.   b. **Jugué** al golf.   c. **Hice** natación.   d. **Fui** al estadio.   e. **Visité** un castillo antiguo.
f. **Compré** ropa nueva.   g. **Fui** de compras.   h. **Fui** a un concierto.

3. Break the flow

a. Visité una galería de arte en la plaza mayor.   b. Fui de paseo por el centro.
c. Hice footing en el parque con mi novio.   d. Fui a un concierto en el estadio.
e. Vi un partido de fútbol en el parque.   f. Visité unas ruinas romanas.
g. Compré ropa deportiva en la calle peatonal.   h. Hice natación en el polideportivo.

4. Sentence puzzle

a. Vi una película en el cine con Luis.   b. Fui de paseo en el parque.   c. Fui a un concierto de Rosalía.
d. Visité un castillo en el casco antiguo.   e. Hice deporte con mis amigos.   f. Jugué al tenis con mi hermano.

5. Translate into English

a. I went for a walk in the woods.   b. I went shopping with my friends.   c. I went to the local swimming pool.
d. I went to the skating rink with my best friend.   e. I bought new clothes at the shopping mall.
f. I did horse riding on the beach.   g. I visited a museum in the city centre.
h. I watched a football match in the stadium with Javier.   i. I did jogging at the sports centre with my cousin.

6. Match actions and places

Vi un partido de fútbol en el estadio.   **Vi esculturas** en la galería de arte.
Comí una paella deliciosa en el restaurante.   **Hice natación** en la piscina municipal.
Compré ropa nueva en el centro comercial.   **Toqué la guitarra** en clase de música.
Vi una comedia en el cine de mi barrio.   **Visité museos y castillos** en el casco antiguo.

7. Split sentences

Vi una película en el cine.   **Visité un castillo** en el casco antiguo.   **Hice natación** en la piscina.
Vi un partido de fútbol con Paco.   **Compré** una camiseta de fútbol.   **Fui de** compras con mi madre.
Hice deporte en el polideportivo.   **Jugué al** tenis.   **Vi un espectáculo** de magia.

8. Translate into English

a. I went shopping   b. A dance show   c. I watched a football match   d. I watched a film   e. I went to the woods
f. The shopping mall   g. Last Friday   h. I played guitar   i. I went hiking   j. I did sightseeing
k. The cinema in my neighbourhood.

9. Faulty translation

a. New **clothes**   b. A **show**   c. **Modern** buildings   d. I went to the **cinema**   e. –   f. I went to **the museum**
g. The **town** square   h. **Some** roman **ruins**   i. I saw **a castle**   j. I went **for a walk**   k. With my **cousin**
l. I **bought** a t-shirt

10. Spot and correct the grammar and spelling mistakes

a. Vi un espectáculo de magia.   b. Vi edificios históricos.   c. Hice natación.   d. Visité un palacio histórico.
e. Compré una camiseta de fútbol.   f. Hice turismo.   g. Visité una galería de arte.   h. Vi un partido de fútbol.
i. Vi una película en el cine.   j. Jugué al tenis.

11. Match

Visité un palacio histórico – I visited an historic palace   **Hice turismo** – I did sightseeing
Fui a la playa – I went to the beach   **Toqué la guitarra** – I played guitar   **Vi una película** – I watched a film
El viernes pasado – Last Friday   **Anteayer** – The day before yesterday   **Hace tres días** – Three days ago
¿Con quién fuiste? – Who did you go with?   **El fin de semana pasado** – Last weekend
Fui de compras – I went shopping   **¿Qué hiciste?** – What did you do?   **¿Adónde fuiste?** – Where did you go?

12. Complete with the missing letters

a. Fui en bici.   b. Hice deporte   c. Ayer   d. Hice turismo   e. Fui a la playa   f. Saqué muchas fotos
g. El fin de semana pasado   h. Anteayer   i. Vi una película

13. Translate into English

a. The day before yesterday I visited an historic palace in the old town.
b. Last Friday I went to the park with my family.
c. Three days ago I went to the stadium to see a football match.
d. Last Saturday I played the violin in the park.   e. Last Sunday I went to the swimming pool.
f. Yesterday I played tennis with my cousin and my sisters.
g. Last week I went to the cinema with my girlfriend.   h. Yesterday afternoon I saw an action film on TV.
i. Last weekend I went shopping with my mother.   j. Yesterday morning I didn't do anything.
k. Yesterday I lifted weights with my uncle in the gym near my house.

14. Spot and add in the missing words

a. Ayer visité un castillo.   b. Anteayer fui de compras con mi mejor amigo.   c. El domingo pasado no hice nada.
d. El viernes pasado fui al estadio.   e. Hace tres días hice turismo en el centro de Barcelona.
f. Ayer hice muchas cosas en mi/el barrio.   g. La semana pasada fui al centro comercial.
h. Ayer por la tarde vi una película.   i. Ayer toqué la guitarra.

15. Fill in the gaps

a. Vi un espectáculo.   b. Hice turismo.   c. Jugué al baloncesto.   d. Compré un videojuego.
e. Hice deporte/turismo/footing.   f. Fui de compras.   g. Fui al cine con mi padre para ver una película.
h. Ayer jugué al baloncesto con mi hermano.   i. Anteayer fui al estadio a ver un partido de fútbol.
j. Hace tres días toqué la guitarra en mi dormitorio.   k. Ayer visité unas ruinas romanas en el casco antiguo.
l. Ayer por la mañana no hice deporte con mis primos.

Unit 10. Saying what I did in my neighbourhood: READING 1

1. Find and correct the mistakes in the translation of Santi´s text

Hi. I'm Santi. I live **in the centre** of the city, near the **supermarket**. My **city** is quite **noisy** because there are lots of new and **big** buildings. In my opinion, there **is** a lot to do near my **house**. For example, last week I went to the **sports centre** and I did a **lot** of sport. In the morning, I played **basketball** on the basketball court with my **friends** and I did **swimming** in the local pool with my **best friend** Pablo. In the afternoon, I rode my bike in the **park** with my **brother** and my **dad**. Later on, my family and I watched a **film** in the living room. At night, I did weights in the **gym**.

2. Find the Spanish equivalent in Lucía's text

a. En un piso   b. Muy bonito   c. Un teatro   d. En mi calle   e. Donde se puede   f. Fui de compras
g. Un chándal   h. Fuimos   i. Comí   j. Comió pescado   k. Cerca de mi casa   l. Jugué   m. El viernes pasado
n. Un helado

3. Read Lucía's text and tick the words not mentioned

a. -   b. -   c. **Cajas**   d. **Hermano**   e. -   f. **Arroz**   g. -   h. -   i. **Fútbol**   j. **Jugamos**   k. -   l. **Perro**

Unit 10. Saying what I did in my neighbourhood: READING 2

1. True, False or Not mentioned?

a. True   b. True.   c. False.   d. False   e. False   f. False.   g. True.   h. True

2. Find the Spanish equivalent in Zara's text

a. Una casa pequeña   b. El barrio está   c. Siempre hay   d. Muy cerca de mi casa   e. En el estadio
f. Fui a la playa   g. Fuimos al centro comercial   h. Aunque fue   i. No le gustó nada la película
j. La piscina municipal   k. Fue muy agotador   l. Tomé un zumo de naranja   m. A dar una vuelta con el perro
n. Descansé   o. Vi una serie nueva

3. Do the tasks below

a. A small house; a quite calm neighbourhood; the city centre; an art museum; the stadium
b. Did swimming at the beach; went shopping at the shopping mall; ate tapas at a restaurant; watched a new film at the cinema
c. Did swimming at the local pool; had an orange juice; walked the dog with her brother at the park; relaxed in her bedroom; watched a new series

4. Translate the words you can find in Zara's text and cross out the rest

a. ~~Old town~~   b. Small   c. Calm   d. ~~Outskirts~~   e. Always   f. Example   g. ~~Gallery~~   h. Near   i. Later   j. ~~Concert~~
k. ~~Cousin~~   l. Sunday   m. ~~Sea~~   n. We went   o. We ate   p. Film   q. ~~Cheap~~   r. Yesterday   s. Juice   t. ~~Afternoon~~
u. New

Unit 10. Saying what I did in my neighbourhood: READING 3

1. Translate the chunks from the text

a. Una ciudad bastante grande   b. También llamado   c. Un piso   d. Muy cerca de la playa.
e. Hay mucho que hacer   f. El sábado pasado   g. Tomamos el sol   h. Comí una hamburguesa de pollo
i. Comieron   j. No me gusta el marisco   k. En mi barrio   l. Un parque muy grande y bonito   m. Jugamos
n. Fui de compras   o. Desayuné   p. Pidieron

2. Correct any wrong statements about Miguel's text

a. His town is in the centre-south of the coast region of Ecuador.   b. He lives very close to the beach.
c. There isn't a lot to do for young people.   d. His friends ate seafood.   e. His neighbourhood is very old.
f. Last Sunday, he went to the sports centre.   g. His uncle is a very good cook.
h. He went to the stadium to watch a football match.

3. Complete the sentences in Spanish based on Fernando's text

a. Su ciudad se llama **Milagro**.   b. Vive con sus **padres**, su **hermano** y su **hermana**.
c. El sábado pasado, fue a la **playa**.   d. Luego, comió una **hamburguesa** de **pollo**.
e. Su barrio es bastante **antiguo**.   f. El domingo pasado, fue al **polideportivo**.
g. Fue al polideportivo con sus **amigos**.   h. Fue de compras con su **hermano**.
i. Comieron en casa de su **primo**.

Unit 10. Saying what I did in my neighbourhood: WRITING & TRANSLATION

1. Complete with the missing letters

a. El **viernes** pas**ado**… b. A**yer** h**ice** much**as** cos**as**. c. **Anteayer fui** de compr**as**.
d. H**ace** tres d**ías** h**ice** deporte. e. Tambi**én** toq**ué** la guitarra en el par**que**.
f. **Anteayer fui** al centro comercial. g. H**ace tres** días v**i** u**na** película. h. **Ayer fui** a v**er** u**n** partid**o** de fútbol.
i. **El fin** de semana pasad**o** jug**ué** al tenis.

2. Sentence puzzle

a. Ayer fui al cine a ver una película. b. Anteayer toqué la guitarra en el salón.
c. Ayer hice deporte en el polideportivo. d. Hace tres días fui al centro comercial.
e. El viernes pasado fui de compras. f. Hace tres días visité una galería de arte.
g. Ayer jugué al tenis en el parque. h. La semana pasada fui a un espectáculo de circo.
i. Fui a un partido de fútbol con mi hermano.

3. Complete with a suitable word

Note: Accept any alternative anwers.

a. Ayer **fui** al cine y **vi** una **película** de acción.
b. Anteayer **fui** de compras **con** mi padre en el **centro comercial** de mi barrio.
c. Hace **tres** días, **hice** footing en el bosque con **mi amigo.**
d. La semana pasada **toqué** la batería en mi **dormitorio.** e. Fui al **casco** antiguo y **visité** unas galerías de arte.
f. El **viernes** pasado, **hice** senderismo en el **bosque**.
g. El fin de **semana** pasado **fui** al **polideportivo** cerca de mi casa.
h. **Hice** natación y **jugué** al tenis con mis **hermanos**.
i. La semana pasada **fui** de paseo en el campo con **mis** primos.

4. Translate into Spanish

a. Toqué la guitarra b. Jugué al tenis c. Hace tres días d. Ayer e. Anteayer f. La semana pasada
g. La pista de patinaje h. Jugué i. Un concierto de Rosalía j. En el estadio

5. Spot and correct the grammar and spelling mistakes

a. La semana pasada hice much**as** cosas. b. V**i** muchos monumentos en el casco antiguo.
c. Visité museos y palacios históric**os** en el centro. d. - e. Ayer yo fu**i** al centro comercial con mi abuela.
f. Anteayer fui de compras en **el** centro de la ciudad. g. Hace tres días yo h**ice** turismo con mi mejor amigo.
h. - i. Ayer por la mañana **fui** de paseo al parque. j. Anteayer jugué al tenis con mi amig**a** Nadia.

6. Complete

a. V**i** b. **Fui** c. **Hice** d. M**onté** e. V**isité** f. J**ugué**

7. Translate into Spanish

a. La semana pasada hice muchas cosas. b. Ayer fui de compras en la plaza mayor.
c. Hace dos días fui al parque con mis amigos. d. Visité palacios históricos y museos en el casco antiguo.
e. El fin de semana pasado fui a un concierto de Rosalía.
f. El viernes pasado hice mucho deporte en el polideportivo.
g. Ayer hice senderismo con mi padre y mi hermano.
h. Hace dos días toqué la guitarra con mi amigo en el salón.
i. El fin de semana pasado fui de paseo en la playa con mi novia.
j. La semana pasada visité una galería de arte con mis hermanas.
k. Hace tres días fui al polideportivo con mis primos.

8. Write two paragraphs in the first person singular (I) about Nerea and Mark

Accept any suitable answers for either text.

TERM 3 – BRINGING IT ALL TOGETHER – 10

1. Answer the following questions in English

a. 14th September.   b. She is kind and she always helps him.   c. He likes it.
d. Do sport, go shopping, do tourism.   e. Not much; A small park and five houses.
f. He watches TV.   g. Watch a film at the cinema in the shopping mall.   h. A burger with chips.
i. His parents.   j. His best friend, Juanma.

2. Find the Spanish equivalent in Alejandro's text

a. En el campo   b. Me llevo bien con   c. Se puede   d. Pocas tiendas   e. Solo hay   f. Una sala de juegos
g. Una película de acción   h. Va a pedir   i. Está ubicado   j. Les encanta   k. Anteayer   l. Cerca de mi casa
m. Hasta las once y media

3. Complete the translation of paragraph 5

Last weekend, I visited the **castle** of Santa Bárbara, an **icon** of Alicante. The castle **is** located on the **coast** and it **has** a very interesting **museum**. I **visited** the castle with my **parents** because **they** love history **and** Spanish culture. In **my** opinion, it was **quite** fun but **also** a bit **tiring**.

4. True (T), False (F) or Not Mentioned (NM)?

Juan and Sara are cousins. **(F)**   Juan is feeling really tired. **(F)**   Sara was very busy at the weekend. **(T)**
Sara watched a horror film. **(T)**   Juan loves horror films. **(F)**   Juan played rugby in the park. **(NM)**
Sara had coffee with her friends in the old town. **(F)**   Sara went jogging in the woods. **(T)**
Juan watched a flamenco show on Saturday. **(T)**   Juan lives close to his grandmother. **(F)**
Sara has a pet cat. **(NM)**   Juan did not do anything on Sunday. **(T)**
Every Sunday, Sara eats roast chicken and rice. **(T)**

5. Complete the statements

a. **Sara** did many things last **weekend**.   b. **Juan** is **afraid** of horror films.
c. **Sara** visited the roman ruins in the **old town**.   d. Juan's grandmother is very **nice** and **funny**.
e. **Juan** stays at home when it **rains**.

UNIT 11. Saying what I did & am going to do at the weekend

TRANSCRIPTS

1. Multiple choice

e.g. El próximo fin de semana voy a ir de compras.
a. El próximo sábado mi hermano y yo vamos a jugar al baloncesto.
b. El próximo domingo mis padres van a montar a caballo.
c. El próximo fin de semana mi hermana va a un concierto.
d. El fin de semana pasado yo fui a la casa de mi amigo.
e. El viernes pasado nosotros vimos un partido de fútbol.
f. El domingo pasado nosotros jugamos en mi ordenador.
g. El fin de semana pasado hice mis deberes.

2. Dictation

a. Próximo   b. Hermanos   c. Baloncesto   d. Viernes   e. Jugué   f. Caballo   g. Apasionante   h. Guay

3. Fill in the blanks

a. El fin de semana pasado **fui** al estadio.   b. Este viernes **vamos** a ver una película.
c. Voy a tocar **la guitarra** con mi amigo.   d. El viernes pasado **jugué** en mi ordenador.
e. El domingo pasado **hice** deporte.   f. El próximo finde **van** a ir de compras.
g. Pienso que **será** muy aburrido.   h. En mi opinión **fue** bastante guay.

4.   Spot the intruders

Hola, soy Vicente y este fin de semana voy a hacer deporte en el polideportivo. Voy a jugar al baloncesto. Mis padres van a ir de compras pero yo no voy a ir porque será muy aburrido. El fin de semana pasado mi amigo y yo vimos una película en el cine y fue muy guay.

5. Faulty translation

*e.g. **El viernes pasado** fuimos al estadio.*
a. El próximo fin de semana **voy a** montar en bici.   b. El próximo viernes mis padres van a **ver una película**.
c. En mi opinión, **fue** muy divertido.   d. **El próximo sábado** mi hermana va a jugar al baloncesto.
e. El fin de semana pasado **nosotros hicimos** deporte.   f. Pienso que será **bastante aburrido**.
g. **El fin de semana pasado** vimos un partido de fútbol.   h. El próximo domingo voy a **ir al centro comercial**.

6. Listening slalom

a. El próximo fin de semana mis padres van a ver una película en el centro comercial.
b. El fin de semana pasado nosotros fuimos al estadio en el centro de la ciudad.
c. El próximo domingo mi hermana va a montar a caballo en el parque.
d. El sábado pasado yo toqué la guitarra en casa de mi amigo.
e. El viernes pasado mi amigo y yo vimos un partido de fútbol en el estadio.

7. Narrow listening

a. **Tengo** muchos planes este **fin de semana**. Primero, voy a ir al **centro comercial** con mis **amigos**. Vamos a **ir de compras** y después **vamos** a ir a una fiesta. Pienso que será **muy** divertido y no será nada **aburrido**.

b. Mis **padres** van a **ver** un partido de fútbol en el centro de la ciudad. El **viernes** pasado, mis amigos y yo fuimos al **estadio** pero **no vimos** un **partido**. El **sábado** pasado, **vi** una **película** en casa y **fue** muy **guay**.

8. Listen to Eugenio and answer the questions in English

a. Buenas tardes, ¿qué tal? Me llamo Eugenio y tengo ochenta y cinco años. El próximo fin de semana voy a hacer muchas cosas. Primero, mi hermana y yo vamos a ir de compras en el centro comercial y después vamos a ver una película en el cine. En mi opinión, será muy divertido.

b. El próximo domingo voy a montar a caballo y pienso que será interesante, pero un poco peligroso. El fin de semana pasado mi amiga y yo hicimos deporte en el polideportivo y luego fuimos a un concierto en el centro de la ciudad. Fue bastante apasionante y no fue nada aburrido. ¡Adiós!

ANSWERS

Unit 11. What I did & am going to do at the weekend: LISTENING

1. Multiple choice

a. Fútbol   b. Hacer   c. La   d. Al   e. Jugamos   f. Vosotros   g. Sábado

2. Dictation

a. Próximo   b. Hermanos   c. Baloncesto   d. Viernes   e. Jugué   f. Caballo   g. Apasionante   h. Guay

3. Fill in the blanks

a. El fin de semana pasado **fui** al estadio.   b. Este viernes **vamos** a ver una película.
c. Voy a tocar **la guitarra** con mi **amigo**.   d. El viernes pasado **jugué** con mi ordenador.
e. El domingo pasado **hice** deporte.   f. El próximo finde **van** a ir de compras.   g. Pienso que **será** muy aburrido.
h. En mi opinión **fue** bastante guay.

4. Spot the intruders

Hola, soy ~~estoy~~ Vicente y este fin de ~~la~~ semana voy a hacer deporte en el polideportivo. ~~Vamos~~ Voy a jugar al ~~fútbol~~ baloncesto. Mis ~~hermanos~~ padres van a ir de ~~fiesta~~ compras pero yo ~~él~~ no voy a ir porque será ~~bastante~~ muy aburrido. El ~~próximo~~ fin de semana pasado mi amigo y yo ~~fuimos~~ vimos una película en el cine y fue ~~un poco~~ muy guay.

5. Faulty translation

*e.g. **Last Friday** we went to the stadium.*
a. Next weekend **I am going** to ride my bike.   b. Next Friday my parents are going **to watch a film.**
c. In my opinion **it was** very fun.   d. **Next Saturday** my sister is going to play basketball.
e. Last weekend **we did** sport.   f. I think it will be **quite boring.**
g. **Last weekend** we watched a football match.   h. Next weekend I am going **to go to the shopping mall.**

6. Listening slalom

a. Next weekend, | my parents are going | to watch | a film | at the shopping mall.
b. Last weekend, | we | went | to the stadium | in the city centre.
c. Next Sunday, | my sister is going | to ride | a horse | in the park.
d. Last Saturday, | I | played | guitar | at my friend's house.
e. Last Friday, | my friend and I | watched a football match | in the stadium.

7. Narrow listening

a. I **have** lots of plans this **weekend**. First, I am going to go to the **shopping mall** with my **friends**. We are going to **go shopping** and after **we** are going to go to a **party**. I think that it will be **very** fun and it won't be **boring** at all.

b. My **parents** are going **to watch** a football match in the **city centre**. Last **Friday**, my friends and I went to the **stadium** but we didn't **watch** a **match**. Last **Saturday**, I **watched** a **film** at home and it **was** very **cool**.

8. Listen to Eugenio and answer the questions in English

Part 1 – a.
1. 85   2. Shopping   3. The shopping mall   4. Watch a film at the cinema   5. Very fun

Part 2 – b.
1. Next Sunday   2. Interesting, but a bit dangerous   3. His friend   4. Went to a concert
5. Quite exciting; not boring at all

Unit 11. Saying what I did & am going to do at the weekend: VOCAB BUILDING

1. Match

Vamos a ir de compras – We are going to go shopping
Vamos a jugar al baloncesto – We are going to play basketball
Vamos a ver una película – We are going to watch a film
Vamos a leer un libro – We are going to read a book
Vamos a hacer deporte – We are going to do sport
Vamos a hacer natación –We are going to do swimming
Vamos a ir al estadio – We are going to go to the stadium
Vamos a hacer los deberes – We are going to do homework
Vamos a jugar a videojuegos – We are going to play videogames
Vamos a ir a un concierto – We are going to go to a concert
Vamos a tocar la flauta – We are going to play the flute

2. Complete with *ir, hacer, jugar, tocar* or *ver*

a. Voy a **ir** de compras.   b. Voy a **ir** a un concierto.   c. Vamos a **jugar** al tenis.
d. Vamos a **ir** al centro comercial.   e. Voy a **ir** al campo.   f. Voy a **hacer** deporte.
g. Voy a **ver** una película en el cine.   h. Voy a **ir** al estadio.   i. Voy a **tocar** el violín en el colegio.

3. Complete with the missing letters

a. Vo**y** a ver una película.   b. Vo**y** a ir a**l** estadio.   c. Vamo**s** a hacer deporte.   d. V**a**mos a ju**g**ar al baloncesto.
e. V**o**y a ir al parque.   f. Será divertid**o**.   g. Vamos a to**c**ar el piano.   h. **Va**mos a ir al centr**o** comercia**l**.
i. V**a**mos a ha**c**er natación.   j. V**o**y a montar en b**i**ci.

4. Faulty translation

a. Next **Saturday** I am going to watch a film.   b. Next weekend **we are** going to **ride a bike**.   c. -
d. Sunday **afternoon** I am going to shopping.   e. Next Saturday my aunt is going to go to the **pool.**
f. **Next** Friday **I am** going to do **my** homework.   g. I am going to go out with my friend in the **morning.**

5. Sentence puzzle

a. El próximo sábado vamos a ir al estadio.   b. El próximo fin de semana voy a ir al centro comercial.
c. El próximo fin de semana vamos a ir de compras.   d. El domingo por la mañana voy a tocar el piano.
e. Mis padres van a ver una película en el cine.   f. Mi hermana va a ir a la piscina con sus amigas.
g. El próximo viernes mi hermano va a ir de marcha.

6. Multiple choice

a. 2   b. 2   c. 3   d. 1   e. 2   f. 1   g. 3   h. 1

7. Find in the wordsearch

a. Aburrido   b. Apasionante
c. Será   d. No hacer nada
e. Hacer deporte   f. Dar un paseo
g. Jugar   h. Montar en bici
i. Montar a caballo   j. Ver una película
k. Divertido

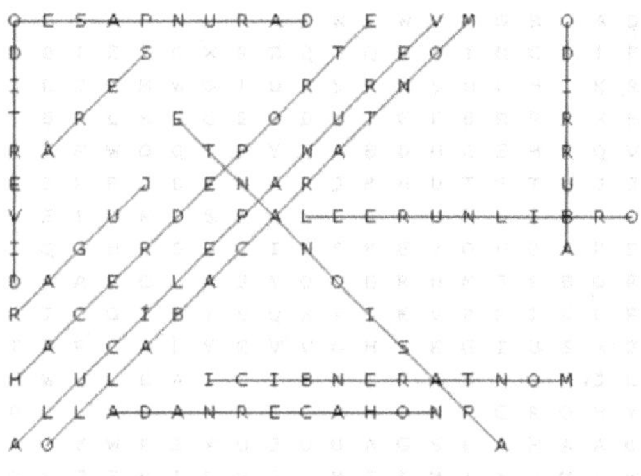

8. Translate into English

a. Next Saturday my girlfriend and I are going to see a film.
b. Next weekend my brother and I are going to play badminton.
c. Next Friday my parents are going to see a flamenco show.
d. Next Sunday afternoon/evening I'm going to go shopping with my mother.
e. Next weekend my sister is going to go to the swimming pool with her boyfriend
f. Next weekend I'm going to do my maths homework.
g. Next Saturday morning I'm going to go to the park with my younger brother.
h. Afterwards, my brother and I are going to eat at the Italian restaurant near my house.
i. Next Sunday morning I am going to go to the church with my family.

9. Match

Fui de compras – I went shopping   **Leí un libro** – I read a book   **Vi una película** – I watched a film
Monté a caballo – I rode a horse   **No hice nada** – I didn't do anything
Fui a la biblioteca – I went to the library   **Hicimos deporte** – We did sport
Jugué al baloncesto – I played basketball   **Toqué el ukelele**– I played the ukulele
Hicimos footing – We did jogging   **No hicimos nada** – We didn't do anything

10. Complete the past tense verbs with the missing letters

a. Fu**i** de compras   b. Fuimo**s** al campo   c. Hic**i**mos deporte   d. V**i** una película   e. F**ui** al estadio
f. Le**í** un libro   g. J**u**gamos al baloncesto   h. V**i**mos monumentos   i. No hic**e** nada

11. Choose the correct verb and cross out the wrong ones

a. ~~Hice~~ / ~~Vi~~ / **Jugué** al baloncesto   b. **No hice** / ~~vi~~ / ~~jugué~~ nada   c. **Monté** / ~~Vi~~ / ~~Hice~~ en bici
d. ~~Fui~~ / ~~Vi~~ / **Escuché** música   e. ~~Vi~~ / ~~Jugué~~/ **Fui** de compras   f. **No vi** / ~~jugué~~ / ~~hice~~ nada
g. **Hicimos** / ~~Vimos~~ / ~~Fuimos~~ pesas   h. ~~Vi~~ / ~~Hice~~ / **Leí** un libro

12. Anagrams

a. Fui de compras   b. Vi una película   c. No hice nada   d. Jugué al baloncesto   e. Fuimos al estadio
f. Hicimos deporte   g. No hice mis deberes   h. Jugamos al tenis

Unit 11. Saying what I did & am going to do at the weekend: TRANSLATION

1. Slalom writing

a. El sábado pasado fui de compras con mi novia.   b. El viernes pasado hice mis deberes después del colegio.
c. El domingo pasado no hice nada. Solo vi una película.
d. Hace tres días fui al gimnasio con mi hermano mayor.   e. Anteayer jugué al baloncesto con mis amigos.
f. El próximo sábado voy a ir al estadio con mi primo.
g. El próximo viernes voy a hacer turismo en el casco antiguo.

2. Translate into English (preterite)

a. I went to the swimming pool.   b. I went shopping with my friend.   c. We went to the bowling alley.
d. My friend and I did sport.   e. I played guitar.   f. I did swimming.   g. I went to the stadium.

THE LANGUAGE GYM

3. Translate into English (near future)

a. We are going to play basketball.   b. I am going to do sightseeing.   c. We are going to eat tapas.
d. I am going to read a novel.   e. We are going to watch cartoons.   f. We are going to go to the stadium.
g. I am going to play (the) violin.

4. Complete the hidden sentences

a. **Toqué** el **piano**.   b. **Fui** de **compras**.   c. **Jugué** al b**aloncesto**.   d. **Fuimos** a la b**olera**.   e. **Fui** al e**stadio**.
f. No **hice n**ada.   g. **H**ice m**is** d**eberes**.   h. **Jugamos** al **tenis**.   i. **Fui** a la **piscina**.   j. **Monté** a **caballo**.
k. **Le**í u**na n**ovela.

Unit 11. Saying what I did & am going to do at the weekend: WRITING

1. Complete the table

a. Pasado, bici, parque   b. Viernes, vi, tele   c. El, compras, centro   d. Ayer, hice, piscina   e. Hace, película, cine
f. Pasada, jugué, colegio   g. Semana, fui, amigo

2. Complete the table

Fuimos de compras.
Hice mis deberes. | Hago mis deberes.
Voy a montar en monopatín.
Fui al estadio.   Voy a ir al estadio.
Toqué el bajo. | Voy a tocar el bajo.
Voy a ir a una fiesta.
Monté en bici. |
Vi una película. | Voy a ver una película.
Veo dibujos animados. | Voy a ver dibujos animados.

Unit 11. Saying what I did & am going to do at the weekend: READING 1

1. Find the Spanish equivalent in the text

a. No hice nada especial   b. Volví a mi casa   c. Comí un bocadillo de queso   d. Hice mis deberes
e. Fui al gimnasio   f. Fue agotador   g. Vi una película   h. No fue nada apasionante   i. Fui de compras
j. Por la tarde   k. Toqué la guitarra   l. Con mi novia   m. Lo pasé muy bien con ella
n. Es muy inteligente y graciosa   o. Fui a la iglesia   p. Después me relajé   q. Nada especial

2. Answer the questions in the first person

a. El viernes volví a casa a eso de las cuatro.   b. Comí un bocadillo.   c. Escuché música.
d. Con mi hermano mayor.   e. Agotador pero divertido.   f. Vi una película de acción.   g. Fui de compras.
h. Con mi madre.   i. Compré una camiseta y unos vaqueros.   j. A eso de las siete.
k. Es muy inteligente y graciosa.   l. Fui a la iglesia.

3. Spot and correct the mistakes in these sentences from Sergio's text

a. No hice nada **e**special.   b. El viernes, despu**és del** colegio, volv**í** a casa a eso de las cuatro.
c. Com**í** un bocadillo **de** queso.   d. **H**ice mis deberes y fu**i** al gimnasio.   e. V**i** una película.
f. El **sáb**ado por la mañana.   g. Fui de compras.   h. Compr**é** una camiseta.   i. El domingo **no** hice nada.
j. Me levant**é** tarde.   k. Me relajé escucha**ndo** música.   l. Fu**e** un fin de semana muy relajante.

Unit 11. Saying what I did & am going to do at the weekend: READING 2

1. Tick the phrases below that are contained in Amparo's text

a ; b ; e ; f ; g ; h ; j ; l

2. *Amparo, Lorène* or *Neither* of them?

a. Amparo   b. Amparo   c. Lorène   d. Neither   e. Lorène   f. Lorène   g. Amparo   h. Lorène   i. Amparo
j. Lorène

3. Find the Spanish equivalent in Lorène's text

a. Por la mañana   b. Hice mis deberes   c. Al lado de mi casa   d. No hice nada especial   e. Temprano
f. Estoy intentando ponerme en forma   g. Con mi mejor amigo   h. Miramos escaparates   i. Comimos muy bien
j. Fui a mi tienda de ropa favorita   k. Me relajé

4. Translate the words

a. I went out   b. Cool   c. We ate   d. Early   e. We looked at   f. I'm trying to   g. Listening to music

Unit 11. Saying what I did & am going to do at the weekend: READING 3

1. Find someone who

a. Julián   b. Silvia   c. Paco   d. Julián   e. Paco   f. Paco   g. Marcela   h. Silvia   i. Susana   j. Julián   k. Marcela

2. Find the Spanish equivalent

a. El domingo pasado   b. Fui a la biblioteca   c. Cuando terminé mis deberes   d. Fue bastante aburrido
e. Ayudé a mis padres con las tareas domésticas   f. Cenamos allí   g. Hice mucho deporte
h. Con mis mejores amigos   i. El parque de mi barrio   j. Hice pesas   k. Todavía me duelen los brazos

3. Tick or cross?

a. **Lo pasé muy bien**	f. **Lo pasamos bomba**	k. **Hice pesas**
b. ~~Hice vela~~	g. ~~Fue interesante~~	l. **Por la mañana**
c. ~~Saqué muchas fotos~~	h. **Tomamos algo**	m. **Hicimos turismo**
d. ~~Toqué la trompeta~~	i. **El casco antiguo**	n. **No hice nada de nada**
e. **Cenamos allí**	j. ~~Fui a la piscina~~	o. ~~Me metí en internet~~

Unit 11. Saying what I did & am going to do at the weekend: WRITING

1. Sentence puzzle

a. Me levanté temprano.   b. Saqué muchas fotos.   c. No hice nada especial.   d. Fui al cine solo.
e. Me relajé escuchando música.   f. Hicimos turismo en el centro.   g. Hicimos ciclismo en el campo.
h. Hicimos senderismo en las colinas.   i. El sábado pasado fuimos de compras.   j. Por la tarde salí con mi novia.

2. Complete the translation

a. Lo pasé bomba   b. Fui al casco antiguo   c. El sábado pasado   d. Toqué la batería   e. Hicimos turismo
f. Fui al estadio con mi padre   g. Me relajé escuchando música   h. No hice nada especial
i. Me levanté tarde   j. Por la mañana fui al parque

3. Rewrite the present tense sentences in the preterite and near future tenses

Fui al estadio.   Voy a ir al estadio.
Hice mis deberes.   Voy a hacer mis deberes.
Toqué el piano.   Voy a tocar el piano.
Jugué al baloncesto.   Voy a jugar al baloncesto.
Lo pasé bomba.   Voy a pasarlo bomba.
Comí un bocadillo.   Voy a comer un bocadillo.
Escuché música.   Voy a escuchar música.

4. Split sentences

Comí carne y ensalada.   **Me relajé** leyendo.   **No hice** nada.   **Compré** un vestido rosa.
Vi un partido de fútbol en la tele.   **Fui** al centro comercial.   **Hice natación** en la piscina municipal.
Me levanté temprano.   **Toqué** la batería.   **Jugué** al baloncesto.

5. Translate into Spanish

a. Lo pasé bomba.   b. Fui al cine.   c. Hicimos turismo.   d. Voy a jugar al baloncesto.   e. No hice nada.
f. Fuimos de compras.   g. Vamos a ir a una fiesta.   h. Toqué la guitarra.

6. Complete with the missing verbs

a. **Fui** al parque con mi perro.   b. **Compré** una camiseta.   c. Ayer **vi** una serie en la tele.
d. **Toqué** el piano en casa.   e. **Jugué** a las cartas con mi abuelo.   f. Me **relajé** escuchando música.
g. El sábado me **levanté** temprano.   h. **Fui** a la fiesta de mi primo.   i. No **hice** nada el domingo pasado.
j. **Jugué** al tenis.   k. **Saqué** muchas fotos.   l. **Fui** al estadio con mi padre.   m. **Leí** una revista en el salón.

7. Write a paragraph

Se puede ver muchas cosas en mi barrio. Por ejemplo, hay muchas tiendas (bonitas/buenas), un castillo medieval y un museo grande. Además, se puede comer bien, ir de compras, ir a conciertos e ir al cine. También hay muchas instalaciones deportivas, como un polideportivo grande, gimnasios, una piscina y un rocódromo. El fin de semana pasado fui de compras, vi un partido de fútbol y toqué el piano. El próximo fin de semana voy a ir a un concierto, voy a jugar al baloncesto con mis amigos y voy a hacer turismo en el casco antiguo.

8. Write a 200 word description of your neighbourhood

Accept any suitable answers.

TERM 3 – BRINGING IT ALL TOGETHER – 11

1. Answer the following questions in English

a. In Central America.   b. Because it is safe and well looked after.
c. His parents, his younger brother and his older sister.   d. Various bars and restaurants.
e. A very old bakery.   f. A park and a football pitch.   g. A sports jacket and a hat.   h. By train.
i. A Chinese restaurant.   j. Go to a concert in the town square and eat a pizza together.

2. Find the Spanish equivalent in Pedro's text

a. Que se llama   b. Muchas cosas que hacer   c. Siempre se puede   d. Muchas instalaciones
e. Entre una biblioteca   f. Antes del colegio   g. Suelo ir   h. Fue muy divertido   i. Volví a casa
j. Fuimos de compras   k. En mi dormitorio   l. Va a hacer mal tiempo   m. El casco antiguo

3. Complete the translation of paragraph 5

Last **Sunday**, my family and I **went** on the **train** to the **city** centre and we went **shopping** at the **shopping mall**. **After**, we **watched** a **film** in the cinema and **we** ate at a Chinese restaurant at **22:00**. At **night**, I played **videogames** in my **bedroom**.

4. True (T), False (F) or Not Mentioned (NM)?

Manoli is going jogging this weekend. **(T)**   Mónica wants to go shopping this weekend. **(T)**
Manoli tells Mónica that she is not allowed to go. **(F)**   Mónica wants to eat at home. **(F)**
Mónica is going to the cinema. **(F)**   Manoli is going to play chess. **(NM)**
Manoli is not going to do anything this Sunday. **(T)**   Mónica will ride her bike this weekend. **(F)**
Manoli rode her bike with her sister. **(T)**   Manoli watched a film last weekend. **(F)**
Manoli ate at her favourite restaurant last weekend. **(T)**   Manoli decides not to cook this weekend. **(T)**
Manoli is unhappy about changing her plans. **(F)**

5. Complete the statements

a. **Mónica** asks for permission to go out this **Saturday**.   b. **Manoli** allows **Mónica** to go shopping this weekend.
c. **Mónica** is going to watch TV in the **living room**.   d. **Manoli** wants to have a relaxing Sunday.
e. **Manoli** decides not to **cook** this weekend.

TERM 3 – MIDPOINT – RETRIEVAL PRACTICE

1. Answer the following questions in Spanish

Accept any correct answer.

2. Write a paragraph in the first person singular (I) using the details below

Hola, soy Arturo y vivo en Barcelona. Vivo en un barrio pequeño. En mi barrio hay un parque, un polideportivo y una plaza mayor. El fin de semana pasado fui al parque con mis amigos y mi hermano. El sábado pasado hice senderismo en el bosque con mi padre. Fue agotador pero también fue divertido. Ayer jugué al tenis con mi madre en el polideportivo. La semana pasada vi una película en el cine cerca de mi casa con mis primos. Hace tres días visité la galería de arte moderna en el centro de la ciudad.
Mañana voy a tocar el piano en casa con mi hermano. El próximo fin de semana voy a ir de compras en el centro comercial con mi mejor amiga. Creo que será muy apasionante y guay, pero también un poco agotador. Mi mejor amiga va a ir a un concierto con sus primas.

UNIT 12. Making after-school plans with a friend

TRANSCRIPTS

1. Multiple choice

e.g. ¿Qué quieres hacer esta tarde?
a. ¿Qué queréis hacer esta mañana, chicos?
b. Hoy me gustaría dar una vuelta en bici en el parque
c. Abuela, ¿te gustaría jugar a la Play conmigo esta tarde?
d. Bueno, me apetece pero tengo que hacer las tareas domésticas
e. Vale, no pasa nada. Podemos ir al estadio esta noche
f. ¡Fantástico! ¿A qué hora quedamos?
g. Vamos a quedar enfrente del centro comercial a las cinco y media. Hasta luego.

2. Dictation

a. Quieres   b. Apetece   c. Gustaría   d. Domésticas   e. Trabajar   f. Quedarnos   g. Genial   h. Quedamos

3. Fill in the blanks

a. ¿Qué **queréis** hacer este fin de semana?   b. Hoy no **quiero** ir al cine .
c. ¿Te gustaría ir a casa de Pablo **juntos**?   d. Lo **siento**, hijo, no me apetece.
e. Bueno, me **gustaría** pero tengo que estudiar.   f. Está bien. Podemos **quedarnos** en casa.
g. ¡Fantástico! A qué hora **quedamos**?   h. Vamos a **quedar** enfrente del cine a las ocho.

4.   Spot the intruders

a. ¿Qué quieres hacer hoy, María?
b. Hoy me gustaría ir de tiendas e ir al cine. ¿Te gustaría ir al centro comercial conmigo?
c. Bueno, me apetece pero tengo que hacer las tareas domésticas.
d. No pasa nada. Podemos hacer las tareas domésticas e ir al centro comercial después.
e. ¡Fantástico! ¿A qué hora quedamos?
f. Vamos a quedar en mi casa a las seis y media.
g. Genial, nos vemos luego.
h. Hasta luego, Daniel.

5. Faulty translation

e.g. ¿Qué quieres hacer este fin de semana?
a. ¿Qué quieres hacer mañana?   b. Hoy, quiero jugar al baloncesto.   c. ¿Te gustaría ir a casa de Pablo conmigo?
d. Bueno, me apetece pero tengo que estudiar.   e. Vale, podemos jugar a la consola
f. ¡Genial! ¿Dónde quedamos?   g. Quedamos enfrente del centro comercial a las cinco.
h. ¿Qué queréis hacer esta tarde?   i. Hoy, quiero ir al parque.

6. Listening slalom

a. Hoy me gustaría ir de tiendas en el centro comercial a las cinco y media.
b. ¿Esta tarde te gustaría jugar al baloncesto en el polideportivo conmigo?
c. Mañana no quiero ir al cine en el barrio contigo.
d. Está bien podemos ayudar a mi madre en casa a las cuatro y cuarto.
e. ¿Este fin de semana no te gustaría dar una vuelta en el centro con mi hermano?

7. Narrow listening

a. ¿Qué **quieres** hacer **este fin de semana**? ¿Te gustaría ir al **cine**?
b. Este fin de semana quiero **dar una vuelta en bici** en el parque con mi **hermano**.
c. **Hoy** me apetece ir de compras al **centro comercial**. ¿Te gustaría **ir** conmigo?
d. Bueno, me apetece, **pero** tengo que **hacer las tareas domésticas** en **casa**.
e. **No pasa nada, podemos** ir al estadio mañana.
f. **Bueno**, me **gustaría**, pero no puedo. Tengo que **trabajar**.
g. ¡**Fantástico**! Quedamos **enfrente** de la casa de Paco a las **seis y media**.
h. **Está bien**, nos vemos **luego** en el **centro de la ciudad**.

8. Listen to the two conversations and answer the questions in English

Conversation 1
Julio: Hola, Alba. ¿Qué quieres hacer hoy?
Alba: Hola, Julio. Hoy me apetece dar una vuelta en bici en el parque. ¿Te gustaría ir al parque conmigo?
Julio: Pues, mira, esta mañana tengo que hacer mis deberes. Pero me gustaría ir contigo por la tarde.
Alba: ¡Fantástico! ¿A qué hora quedamos?
Julio: Vamos a quedar a las dos y media.
Alba: Y, ¿dónde vamos a quedar?
Julio: Quedamos enfrente del cine.
Alba: Genial, nos vemos luego.
Julio: Hasta luego, Alba.

Conversation 2

Rodrigo: Buenos días Carmen, ¿qué tal?
Carmen: Hola, Rodrigo. Estoy fenomenal, ¿y tú?
Rodrigo: ¿Qué quieres hacer esta tarde?
Carmen: Esta tarde quiero ir al polideportivo a jugar al baloncesto. ¿Te gustaría jugar al baloncesto conmigo hoy?
Rodrigo: Sí, me apetece mucho. Ah, pero tengo que ayudar a mi madre. Lo siento, no puedo.
Carmen: No pasa nada - podemos ayudar a tu madre e ir al polideportivo después.
Rodrigo: ¡Fantástico! Pues vamos.

ANSWERS

Unit 12. Making after-school plans with a friend: LISTENING

1. Multiple choice: cross out the word that was not said

a. Jugar   b. Bosque   c. Le   d. Deberes   e. Ver   f. Genial   g. Los

2. Dictation

a. Quieres   b. Apetece   c. Gustaría   d. Domésticas   e. Trabajar   f. Quedarnos   g. Genial   h. Quedamos

3. Fill in the blanks

a. ¿Qué **queréis** hacer este fin de semana?   b. Hoy no **quiero** ir al cine.
c. ¿Te gustaría ir a la casa de Pablo **juntos**?   d. Lo **siento**, hijo, no me apetece.
e. Bueno, me **gustaría** pero tengo que estudiar   f. Está bien. Podemos **quedarnos** en casa.
g. ¡Fantástico! A qué hora **quedamos**?   h. Vamos a **quedar** enfrente del cine a las ocho.

4. Spot the intruders

a. ¿Qué quieres ~~queréis~~ hacer hoy ~~mañana~~, María?
b. Hoy ~~no~~ me gustaría ir de tiendas e ir al ~~la~~ cine. ¿Te gustaría ir al centro comercial ~~juntos~~ conmigo?
c. Bueno, me ~~gustaría~~ apetece pero tengo que hacer las ~~los~~ tareas domésticas ~~deberes~~.
d. No pasa nada. Podemos hacer las tareas domésticas ~~y~~ e ~~jugar~~ ir al centro comercial ~~luego~~ después.
e. ¡Fantástico! ~~¡Genial!~~ ¿A qué ~~la~~ hora quedamos?
f. Vamos a quedar en ~~tu~~ mi casa a las seis ~~siete~~ y ~~cuarto~~ media.
g. Genial, ~~no~~ nos vemos luego.
h. Hasta luego, Daniel.

5. Faulty translation

*e.g. What do **you** want to do this weekend?*
a. What do you want to do **tomorrow**?   b. Today, **I want to** play basketball.
c. Would you like to go **to Pablo's house** with me?
d. Well, I Fancy it but I have **to study.** e. Ok, we can play **on the console**   f. Great! **Where** shall we meet?
g. Let's meet opposite **the shopping mall** at five o'clock.   h. What do you guys want to do **this afternoon**?
i. Today I want to go **to the park.**

6. Listening slalom

a. Today | I would like to | go shopping | at the shopping mall | at 5.
b. This afternoon | would you like to | play basketball | at the sports centre | with me?
c. Tomorrow | I don't want to | go to the cinema | in the neighbourhood | with you.
d. It's fine | we can | help my mum | at home | at 4.15.
e. This weekend | wouldn't you like to | go for a walk | in the centre | with my brother?

7. Narrow listening

a. What do **you want** to do **this weekend**? Would you like to go to the **cinema**?
b. This weekend I want to **go for a bike ride** at the park with my **brother**.
c. **Today** I fancy going shopping at the **mall**. Would you like **to go** with me?
d. Well, I fancy it, **but** I have to **do chores** at **home**.   e. No problem, **we** can go to the **stadium** tomorrow.
f. **Well**, I would **like** to, but I can't. I have to **work**.   g. **Fantastic**! Let's meet **opposite** Paco's house at **6:30**.
h. It's **fine**, we'll see each other **later** in the **city centre**.

8. Listen to the two conversations and answer the questions in English

Conversation 1
a. Going for a bike ride in the park   b. He has to do his homework   c. In the afternoon   d. 2:30   e. Opposite the cinema.

Conversation 2
a. To the sports centre   b. To play basketball   c. Yes   d. He has to help his mum   e. They will help Rodrigo's mum and go to the sports centre afterwards

Unit 12. Making after-school plans with a friend: VOCAB BUILDING

1. Match

Dar una vuelta en bici – To go for a bike ride   **Jugar al baloncesto –** To play basketball
Ver una película – To watch a film   **Ir al estadio –** To go to the stadium   **No hacer nada –** To not do anything
Hacer pesas – To do weights   **Hacer natación –** To do swimming
Salir con mi novia – To go out with my girlfriend   **Quedarme en casa –** To stay at home
Salir con mi mejor amigo – To go out with my best friend   **Estudiar –** To study
Ir a la casa de un amigo – To go to a friend's house   **Meterme en internet –** To go on the internet

2. Complete with the appropriate option

a. Quiero **dar** una vuelta en bici.   b. No quiero **hacer** nada.   c. Me gustaría **salir** con mis amigos.
d. Tengo que **fregar** el suelo ahora.   e. Tenemos que **lavar** el coche de papá.   f. Queremos **ir** a la casa de Felipe.
g. Nos gustaría **ver** una película en el cine.   h. Quiero **ayudar** a mi madre con las tareas domésticas.

3. Sort the sentences in the categories below

Tareas domésticas: 3, 11, 14, 16   **Pasatiempos:** 1, 5, 6, 7, 8, 13, 15   **Trabajo escolar:** 2, 4, 9, 10, 12

4. Sentence puzzle

a. ¿A qué hora quedamos?   b. Esta tarde quiero ir al cine.   c. Quedamos enfrente del cine.
d. No me apetece ir a la casa de Paco hoy.   e. ¿Qué quieres hacer hoy?   f. No puedo salir contigo hoy.
g. Tengo que ayudar a mi madre.   h. Me apetece ir al cine contigo.

5. Translate into English

a. I fancy going for a bike ride this afternoon/evening.   b. I want to go to the stadium with my father tomorrow.
c. Today I have to study before going out with my boyfriend.
d. I don't fancy / I don't feel like doing sport today.   e. I want to play chess with my brother.
f. I have to revise for my maths exam.   g. We have to help our mother today.

6. Multiple choice

a. 3   b. 3   c. 1   d. 3   e. 2   f. 1   g. 2   h. 2   i. 1   j. 3

7. Match

¿Qué tal? – How are you?   **¿Qué quieres hacer esta tarde?** – What do you want to do this evening?
¿Te apetece? – Do you fancy it?   **¿Dónde quedamos?** – Where shall we meet?
¿A qué hora quedamos? – At what time shall we meet?   **¿Con quién vamos?** – Who are we going with?
¿Por qué no puedes venir? – Why can't you come?   **¿Qué vamos a hacer?** – What are we going to do?

8. Match questions and answers

¿Qué tal? – Estoy muy bien, gracias   **¿Qué quieres hacer esta tarde?** – Quiero ir al parque
¿Te apetece? – No, no tengo ganas, prefiero ir al cine
¿Dónde quedamos? – Enfrente de la parada del autobús   **¿A qué hora quedamos?** – A las siete y media
¿Con quién vamos? – Con Pablo y Miguel
¿Por qué no puedes venir? – Porque tengo que estudiar para un examen
¿Qué vamos a hacer? – Vamos a jugar a la Play y escuchar música

9. Complete with the missing letters

a. **H**ola   b. ¿**D**ónde?   c. Me a**petece**   d. **T**engo que   e. Nos **v**emos   f. **L**uego   g. Lo s**iento**   h. No p**uedo**
i. Me **gustaría**   j. No q**uiero**   k. **V**ale   l. No pasa n**ada**   m. Vamos a que**dar**   n. ¿A qu**é** hora?

10. Complete with the most suitable option – Marcelo & Pablo

Hola ; Gracias ; Qué ; Dar ; Apetece ; Vale ; Hora ; Quedar ; Bien ; Del ; Luego ; Hasta

11. Complete with the suitable option – Manuel & Sergio

Hola ; Muy ; Vamos ; Ir ; Me ; Quiero ; Nada ; Fiesta ; A ; Quedamos ; Autobús ; Luego

12. Faulty translation

a. **How** are you?   b. See you **later**.   c. **At what time** do we meet?   d. See you **later**.   e. It's ~~not~~ OK.
f. There is **no** problem.   g. We **can** go.   h. Very **well**.   i. I **don't** want to.   j. What do you want to do **today**?
k. I want to go **for a walk in the** centre.   l. I have to **do the chores**.

Unit 12. Making after-school plans with a friend: READING 1

1. Find the Spanish equivalent in the text

a. ¿Qué tal?   b. ¿Qué quieres hacer esta tarde?   c. ¿A qué hora quedamos?   d. Nos vemos luego
e. ¿Dónde quedamos?   f. Vale, guay   g. Me gustaría mirar escaparates   h. Al lado del colegio
i. Claro que sí   j. Lo siento   k. A la casa de Amparo   l. Tengo que ayudar a mi madre con las tareas

2. Answer in English

a. A little bit tired   b. She would like to go window shopping   c. Susana wants to go to Amparo's house
d. At six   e. Because she has to help her mother with the chores   f. In the café next to the school

3. Spot and correct the grammar and spelling mistakes

a. ¿**A** qué hora quedamos?   b. Tengo **que** ayudar **a** mi madre   c. Vale. No pasa nad**a**   d. No **me** apetece
e. Hasta **luego**   f. ¿D**ó**nde quedamos?   g. ¿Qué quieres hacer est**a** tarde?   h. ¿A las siete **y** media?

Unit 12. Making after-school plans with a friend: READING 2

1. Find the Spanish equivalent in the conversation above

a. Estoy un poco aburrida   b. Nada especial   c. Arreglé mi dormitorio   d. Corté el césped
e. Me gustaría ir de tiendas   f. No sé, cariño   g. No pasa nada   h. La última película
i. Tengo que lavar y planchar   j. Delante de tu casa   k. Genial

2. Answer in English

a. Fine   b. She did her homework, tidied her bedroom and walked the dog
c. He did jogging, mowed the lawn and rode the bike   d. She wants to go shopping
e. He'd rather go to the cinema   f. She has to help her brother with his homework
g. She has to do the laundry and iron the clothes   h. 6.30   i. In front of Juan's house

Unit 12. Making after-school plans with a friend: WRITING & TRANSLATION

1. Complete the table

Lo siento – **I am sorry**   **Estoy bien** – I am fine   **Genial** – Great   No puedo – **I can't**
No me apetece – **I don't fancy it**   Esta tarde – **This afternoon/evening**
Delante de tu casa – In front of your house   **¿A qué hora?** – At what time?
¿Dónde quedamos? – **Where shall we meet?**   ¿A qué hora quedamos? – **At what time shall we meet?**
No pasa nada – **Not a problem**

2. Complete with a suitable word (accept other correct answers)

a. ¿Qué quieres **hacer?**   b. ¿Dónde **quedamos**?   c. A las cinco y **media**
d. Vamos a **quedar** enfrente de tu casa   e. Hola. ¿Qué **tal**?   f. Estoy un poco **aburrida**   g. No, no me **apetece**
h. Quiero ir al **cine** contigo   i. Tengo que ayudar a mi **padre/madre** en la cocina   j. Tengo que **pasear** al perro

3. Complete

a. ¿**D**ónde **q**uedamos esta **t**arde?   b. ¿**Q**ué **q**uieres **h**acer?   c. **V**ale. **N**o **p**asa **n**ada.
d. **T**engo **q**ue **a**yudar a **m**is **p**adres.   e. **L**o **s**iento. No me apetece.   f. **Q**uedamos **e**nfrente **d**el **c**ine.
g. **T**engo **q**ue **a**rreglar **m**i **d**ormitorio.   h. **P**odemos ir al **p**arque con ellas.   i. ¿A qu**é** **h**ora **q**uedamos?
j. **N**os **v**emos **l**uego.

4. Translate into Spanish

a. No pasa nada.   b. ¿Quieres ir de tiendas?   c. No me gusta.   d. No puedo porque tengo que estudiar.
e. ¿Qué quieres hacer?   f. Tengo que ayudar a mi padre.   g. Tengo que planchar la ropa.
h. ¿Dónde quedamos?   i. Quedamos en la parada de autobús cerca de mi casa.   j. ¿A qué hora quedamos?
k. Me gustaría ir a nadar/hacer natación.   l. Lo siento, tengo que hacer mis deberes.

5. Answer each of the questions with a full sentence, as in the example

Accept any suitable answers.

6. Write the questions for the answers below

a. ¿Qué quieres hacer hoy?   b. ¿Por qué no?   c. ¿Qué hiciste ayer?   d. ¿Dónde quedamos?
e. ¿Te apetece ir al cine?   f. ¿Quieres ir al cine?   g. ¿Puedes quedar el viernes? / ¿Quedamos el viernes?

7. Translate *a* and *b* into English, and *c* into Spanish

a.

M. Hi Julio. How are you?
J. All good, Marina. And you?
M. Fine, but I'm very tired.
J. Why?
M. Yesterday afternoon/evening I did jogging and then swimming. Also, I got up very early today.
J. Oh. Then you can't go out this evening?
M. Yes, of course I can! Where do you want to go?
J. To Fernando's party?
M. Yes, OK, cool. I fancy it. Where shall we meet?
J. Shall we meet at my house at seven?
M. Great. See you later.

b.

M. Hi Enrique. How are you?
E. Very well, Marcelo. And you?
M. What did you do last Saturday?
E. I went to buy groceries with my mother. And you?
M. I helped my father in the garden. It was boring!
E. Do you want to come with me to the stadium today?
M. Yes. That's cool! Where shall we meet, and at what time?
E. Let's meet at the bus stop opposite my house, at three.
M. OK, perfect. See you there at three.

c.

A. Hola Ana. ¿Quieres salir esta tarde?
C. Sí, pero primero tengo que ayudar a mi madre hasta las cuatro.
A. Vale. ¿Quieres ir al cine esta tarde?
C. No. Lo siento, pero no me apetece. Me gustaría ir al centro y mirar escaparates.
A. OK, no pasa nada. ¿A qué hora quedamos? ¿A las cuatro y medio?
C. No puedo a las cuatro y media. Tengo que ayudar a mi hermano con sus deberes. Vamos a quedar a las cinco.
A. Vale. A las cinco. ¿Dónde quedamos?
C. Vamos a quedar en tu casa.

TERM 3 – BRINGING IT ALL TOGETHER – 12

1. Answer the following questions in English

a. A small church, a shoe shop and a theatre.   b. His best friend, Tomás.   c. He loves it.
d. There is quite a lot of traffic.   e. He did horse riding at his cousin's house.
f. He thought it wasn't fun at all.   g. He didn't do much. He watched a series and did his homework.
h. A new TV and a very comfortable bed.   i. At 7:30   j. Pizza.

2. Find the Spanish equivalent in Agustín's text

a. Hay muchas   b. Al lado de   c. Hay museos   d. Aunque   e. Muy ocupado   f. Vimos   g. Me quedé en casa
h. Hice mis deberes   i. Quedamos   j. Me gustaría   k. Quiero ir   l. Vamos a ir   m. Van a ir

3. Complete the translation of paragraph 5

Today the weather is **good** therefore I **fancy** going for a bike ride in the **park** with my **best** friend, Tomás. **Usually**, we meet **opposite** the church at **12:30**. We **always** take a ball to **play** football. I **would** also **like** to have an **ice cream** at the café that is **in** the **park**.

4. True (T), False (F) or Not Mentioned (NM)?

Damián and Nerea are married. **(T)**   Damián wants to go to the gym. **(T)**
Damián doesn't ask Nerea to go to the gym with him. **(F)**   Nerea wants to go to the gym. **(F)**
Damián wants to order a pizza. **(F)**   Damián has to go to the gym. **(T)**
Nerea will meet Damián opposite the gym at 9:30. **(F)**
Damián asks Nerea to go for a walk in the park tomorrow. **(T)**   Damián has to help his parents. **(F)**
Damián wants to walk his dog. **(NM)**   Damián and Nerea will meet opposite the park at 13:00. **(T)**
Damián wants to play basketball afterwards. **(F)**   Damián doesn't want to play videogames with Nerea. **(T)**

5. Complete the statements

a. **Nerea** tries to convince **Damián** to order a pizza.   b. Damián wants to go to the **gym**.
c. The couple agree to **eat at a restaurant** after the gym.   d. Nerea fancies going to the **park** tomorrow.
e. Damián wants to play **video games** with his **friends**.

UNIT 13. A future trip to Cádiz

TRANSCRIPTS

1. Dictation

a. ¿Adónde vas a ir?   b. Vas a quedarte   c. Viajar en avión   d. Es cómodo   e. Voy a alojarme   f. Un albergue
g. Está lejos   h. Me gustaría   i. Un espectáculo   j. Será genial

2. Listen and fill in the gaps

a. Este verano **voy** a ir de vacaciones a **Cádiz**.   b. El **vuelo** a España dura **tres** horas.
c. Me gusta viajar en **avión** porque es **rápido**.   d. En Cádiz voy a **alojarme** en un hotel **caro**.
e. El hotel está **lejos** de la **catedral**.   f. Durante el viaje, me **gustaría** comer **marisco**.
g. También **voy** a dar un paseo por el **parque**.   h. El **segundo** día vamos a ir a la **playa**.
i. Finalmente voy a **volver** a casa en **coche**.   j. Creo que el **viaje** a Cádiz será **inolvidable**.

3. Spot the intruders

Este verano, voy a ir de vacaciones a Cádiz con mi familia. Me gusta viajar en avión porque es cómodo. Vamos a quedarnos en un hotel barato en el centro. El hotel está cerca del casco antiguo. Durante el viaje, me gustaría visitar el jardín botánico y la playa de la Caleta.

4. Multiple choice

e.g. Este verano, voy a ir a Chile.
a. El verano que viene voy a pasar dos semanas en Cádiz.   b. Me gusta viajar en barco porque es divertido.
c. El viaje a España dura dieciocho horas.   d. En Cádiz, voy a alojarme en un albergue básico.
e. El hotel está lejos del Puerto de Santa Maria.   f. El primer día vamos a ir a un espectáculo.
g. Finalmente, voy a volver a casa en autocar.

5. Faulty translation

e.g. ¿Adónde vas a ir este verano?
a. El verano que viene voy a pasar dos semanas en Cádiz.
b. Este verano no voy de vacaciones a España; voy a Chile.   c. Me gusta viajar en tren porque es apasionante.
d. En Cádiz vamos a alojarnos en un albergue barato.   e. El albergue está cerca del Puerto de Santa María.
f. Durante el viaje me gustaría probar platos típicos.   g. Por la mañana voy a ir a la playa.

6. Listening slalom

a. Durante el viaje, me gustaría comer tapas en el centro.
b. El primer día, voy a ver un espectáculo en el parque.
c. El segundo día, no quiero visitar el castillo en el casco antiguo.
d. Por la mañana no voy a dar un paseo por la playa.
e. Finalmente, vamos a probar comida típica en un restaurante.

7. Narrow listening

a. ¿Adónde vas a ir de vacaciones este verano?
b. Este verano, voy a ir de vacaciones a España con mis padres.
c. El vuelo a Madrid dura cinco horas pero es muy cómodo.
d. En Cádiz, vamos a quedarnos en un hotel barato en el centro.
e. El hotel está muy lejos de la playa de la Caleta.
f. Durante el viaje, me gustaría comer marisco y otros platos típicos.
g. El primer día no voy a ir al museo con mis amigos.
h. En mi opinión, creo que el viaje a Cádiz será la leche.

8. Listen to the two conversations and answer the questions in English

<u>Conversation 1</u>

Damián: Buenas, Hugo. ¿Estás bien?
Hugo: Sí, gracias. Estoy fenomenal.
Damián: ¿Qué vas a hacer este verano?
Hugo: Este verano voy de vacaciones a Italia con mi hermano.
Damián: ¿En serio? Yo también. Voy a Roma en Agosto.
Hugo: ¡Yo también! ¿Dónde vas a quedarte?
Damián: Voy a quedarme en un hotel de lujo que se llama Villa Nova en el centro de Roma.
Hugo: Tío - ¡yo también! ¿Qué vas a hacer en Roma?
Damián: Pues lo normal: vamos a visitar el teatro romano e ir de compras. También vamos a probar platos típicos y me gustaría dar un paseo por el centro de la ciudad.
Hugo: ¡No me lo puedo creer! ¡Yo también! ¡Será genial!

<u>Conversation 2</u>

Elena: Hola Isabela, ¿qué tal?
Isabela: Muy bien gracias. Elena, ¿adónde vas a ir de vacaciones este verano?
Elena: Eh, no lo sé. ¿Y tú?
Isabela: Este verano voy a ir de vacaciones a Inglaterra con mi familia. Vamos a quedarnos en un hotel bastante barato en el centro de Londres.
Elena: ¡Qué guay! Y, ¿qué vas a hacer en Inglaterra?
Isabela: Creo que vamos a ir a muchos museos.
Elena. ¡Qué chulo! ¿Vas a ir a la playa?
Isabela: ¡Qué va! No vamos a ir a la playa porque en Londres no hay playa.
Elena: ¿Cuánto dura el vuelo a Inglaterra?
Isabela: Creo que el vuelo dura dos horas y media.

ANSWERS

Unit 13. A future trip to Cádiz: LISTENING

1. Partial dictation

a. ¿**Adónde** vas a ir?   b. V**as** a q**uedarte**   c. Viajar en a**vión**   d. E**s cómodo**   e. Voy a a**lojarme**
f. Un a**lbergue**   g. E**stá lejos**   h. M**e gustaría**   i. Un **espectáculo**   j. S**erá genial**

2. Listen and fill in the gaps

a. Este verano, **voy** a ir de vacaciones a **Cádiz.**   b. El **vuelo** a España dura **tres** horas.
c. Me gusta viajar en **avión** porque es **rápido.**   d. En Cádiz voy a **alojarme** en un hotel **caro.**
e. El hotel está **lejos** de la **catedral.**   f. Durante el viaje, me **gustaría** comer **marisco.**
g. También **voy** a dar un paseo por el **parque.**   h. El **segundo** día vamos a ir a la **playa.**
i. Finalmente voy a **volver** a casa en **coche.**   j. Creo que el **viaje** a Cádiz será **inolvidable.**

3. Spot the intruders

Este ~~pasado~~ verano, voy a ~~fui~~ ir de vacaciones a ~~al~~ Cádiz con mi ~~amigo~~ familia. Me gusta ~~encanta~~ viajar ~~viajé~~ en avión porque es ~~rápido~~ cómodo. Vamos ~~Voy~~ a quedarnos en un hotel ~~de lujo~~ barato en el centro. El ~~albergue~~ hotel está cerca del ~~centro~~ casco antiguo. Durante el viaje, me gustaría ~~jugar~~ visitar el jardín ~~de~~ botánico y ~~a~~ la playa ~~del~~ de la Caleta.

4. Multiple choice

e.g. We
a. México   b. Car   c. Days   d. Fly   e. Beach   f. Second   g. Plane

5. Faulty translation

*e.g. Where are you going to go **this** summer?*
a. **Next** summer I am going to spend **two** weeks in Cádiz.
b. This summer I am not going on holiday to **Spain**; I am going to **Chile**.
 c. I like to travel by **train** because it is **exciting**.   d. En Cádiz **we are** going to stay in a **cheap** hostel.
e. The **hostel** is **near** the port of Santa María.   f. During the trip, I **would like** to try **typical dishes**.
g. In the **morning**, I am going to go to the **beach**.

6. Listening slalom

a. During the trip | I would like | to eat | tapas | in the centre.
b. On the first day | I am going | to watch | a show | in the park.
c. On the second day | I don't want | to visit | the castle | in the old town.
d. In the morning | I'm not going | to go | for a walk | on the beach.
e. Finally | we are going | to try | typical dishes | in a restaurant.

7. Narrow listening

a. **Where** are you going on holiday **this** summer?
b. This **summer**, I am going on holiday to **Spain** with my **parents**.
c. The **flight** to Madrid takes **five** hours but it is very **comfortable**.
d. In Cádiz, **we are** going to stay in a **cheap** hotel in the **centre**.   e. The **hotel** is very **far** from the **Caleta beach**.
f. During the trip, I would like **to eat** seafood and other **typical dishes**.
g. On the **first** day, I am not going to go to the **museum** with my **friends**.
h. In my opinion, **I believe** that the **trip** to Cádiz will be **awesome**.

8. Listen to the two conversations and answer the questions in English

<u>Conversation 1</u>

a. Phenomenal / he is going on holiday to Italy.   b. His brother.   c. To Italy / Rome.
d. A luxurious hotel; called Villa Nova; in the centre of Rome.
e. Visit the Roman theatre; go shopping; try typical dishes; go for a walk in the city centre.

<u>Conversation 2</u>

a. She is very well.   b. To England.   c. A rather cheap hotel in the centre of London.
d. Because there isn't one.   e. Two and a half hours.

Unit 13. A future trip to Cádiz: VOCAB BUILDING

1. Match

Este verano – This summer   **El vuelo a España** – The flight to Spain   **El viaje** – The trip
Un albergue barato – A cheap hostel   **Porque es lento** – Because it is slow   **Está cerca** – It is near
Será la leche – It will be awesome   **Voy a alojarme** –I am going to stay   **Comer marisco** – To eat seafood
Dar un paseo por – Go for a walk around   **Probar platos típicos** – Try typical dishes
El primer día – The first day   **Será inolvidable** – It will be unforgettable

2. Complete the words
a. **Un** castillo   b. Un **albergue**   c. Apasionante   d. El **vuelo**   e. Me gustaría   f. El barrio   g. Espectáculo
h. Inolvidable   i. Plat**os** típicos   j. **Un** paseo   k. El **puerto**

3. Break the Flow
a. Este verano voy a ir a Cádiz.   b. Voy a viajar en avión.   c. El vuelo dura tres horas.
d. Me gusta viajar en barco.   e. En Cádiz voy a alojarme un hotel.   f. El hotel está cerca del casco antiguo.
g. Durante el viaje voy a comer marisco.   h. El primer día vamos a ir al parque.
i. Finalmente voy a volver a casa en tren.

4. Complete with the missing words

a. Este verano voy a ir a Cádiz con mi **familia**.   b. El viaje a Cádiz dura tres **horas**.
c. Me gusta viajar en **barco** porque es divertido.   d. No me gusta viajar en tren porque es **lento**.
e. Vamos a **alojarnos** en un albergue básico.   f. Voy a alojarme en un hotel **barato**.
g. El hotel está **lejos** del puerto de Santa María.   h. El albergue no está cerca del **centro**.
i. Durante el viaje, me gustaría probar **marisco**.   j. Durante el viaje, voy a **visitar** el teatro romano.
k. El primer día, vamos a ir a la **playa**.   l. Por la mañana voy a ir al **museo**.
m. Creo que el viaje a Cádiz será la **leche**.   n. Me hace ilusión visitar la Plaza de las **Flores**.

5. Spot and correct the nonsense sentences

a. Este verano voy a ir a ~~marisco~~ Cádiz.   b. El vuelo a Cádiz dura ~~un año~~ una hora.   c. -
d. El hotel está ~~en avión~~ cerca del centro.   e. Me gustaría ~~comer~~ ir al parque.
f. Voy a comer marisco en ~~la catedral~~ el restaurante.   g. Finalmente, voy a volver a casa en ~~tapas~~ coche.   h -

6. Sentence puzzle

a. Este verano voy a ir a Cádiz con mi familia.   b. El vuelo a España dura tres horas.
c. Me gusta viajar en coche porque es cómodo.   d. Voy a alojarme en un albergue básico.
e. En Cádiz vamos a alojarnos en un hotel caro.   f. El hotel está lejos de la playa de la Caleta.
g. Me gustaría visitar el Parque Genovés.   h. También voy a probar platos típicos.
i. El primer día vamos a ir al museo.   j. Creo que el viaje a Cádiz será inolvidable.

7. Gapped translation

a. **This summer** I'm going to go to Cadiz.   b. I'm going to **travel** by **plane**.
c. The **flight** to Spain takes **three** hours.   d. To travel by **boat** is **cheap**.
e. I am going to **stay** in an **expensive** hotel.   f. The hotel is **far** from the **old** town.
g. I would like to **visit** the botanical **gardens**.   h. I am going to **try** typical **dishes**.
i. On the **first** day I am going to eat **seafood**.   j. I am going to go back **home** by **train**.
k. I believe the **trip** to Cádiz will be **awesome**.

8. Translate into English

a. This summer…   b. I am going to travel by train.   c. The flight to Spain takes three hours.
d. The trip to Spain takes five hours.   e. I like to travel by car.   f. In Cádiz I am going to stay in a hotel.
g. The hotel is near the old town.   h. I would like to try typical dishes.
i. In the morning I am going to go to the park.   j. I think that the trip to Cádiz will be unforgettable.

9. Guided translation

a. This summer I'm going to go to Cádiz.   b. The **flight** to Spain takes **two** hours and a half.
c. I like to travel by train because it's **comfortable**.   d. I don't like to travel by **car** because it's **slow**.
e. In Cádiz, I'm going ot stay in an **expensive** hotel.   f. The hotel is **far** from the **old town**.
g. **During** the **trip**, I'd like to **try** tapas.   h. I'm **also** going to **go** for a **walk** in the **park**.
i. On the **first** day, I'm going **to** go to the **beach**.   j. Finally, **we** are going to go **back** home by **plane**.

Unit 13. A future trip to Cádiz: READING 1

1. Answer the following questions

a. In Malaysia.   b. Verónica's best friend.   c. By coach.   d. A high-speed train. It is as fast as a bird.
e. In a basic hostel in the city centre.
f. In the morning, they are going to go for a walk in the park. In the afternoon, there are going to a local restaurant.
g. In the morning, they are going to the museum, the Pópulo neighbourhood and the Roman Theatre. At night, they are going to Faro de Cádiz, a restaurant.
h. It is the most well known and most famous in the city. The entrance is free.
i. It is one of the biggest theatres in the world.   j. It will seem slower.

2. Complete the translation of paragraph 4

On the **second** day, in the **morning, we** are going to go to the Cádiz Museum, the city's most well known and **famous** museum. I love **history, culture** and art so I **have** to visit it. **Entry** is free and there are **lots** of interesting things to **see**. It will be **unforgettable**! Later, we are going to go to the Pópulo **neighbourhood**, the city's **oldest** neighbourhood. I am going to **visit** the Roman Theatre, one of the **biggest** theatres in the world. At **night**, we are going to **eat** tapas at Faro de Cádiz, a **very** good restaurant.

3. Find the Spanish equivalent in the text

a. Tan rápido como un pájaro   b. Dura casi   c. Un albergue   d. A diez minutos   e. Hay varias
f. Dar un paseo   g. Es enorme   h. Lo que más me gusta   i. Un rato   j. Muy ricos/as   k. Para el postre
l. Algunos   m. Más famoso   n. La entrada es gratuita   o. Más antiguo   p. Del mundo   q. Triste
r. Será la leche

Unit 13. A future trip to Cádiz: WRITING

1. Multiple choice

a. This summer   b. I am going to travel   c. It takes eight hours   d. Travel by plane   e. We are going to stay
f. An expensive hostel   g. Near the port   h. Try seafood   i. Go for a walk   j. The second day
k. I am going to go

2. Complete with the correct option

a. Comer   b. Dar   c. Visitar   d. Vamos   e. Gustaría   f. Dura   g. Alojarme   h. Viajar   i. Playa   j. Tarde   k. Por
l. Volver

3. Spot and correct the grammar and spelling mistakes

a. Voy a viaj**ar** en coche.   b. Mi madre va **a** comprar recuerdos.
c. Voy a com**er** marisco en el Puerto de Santa María.   d. Voy a alojar**me** en un hotel.
e. El hotel es**tá** lejos de la catedral.   f. Durante el viaje, me gust**aría** comer marisco.
g. El primer día, **voy** a **dar** un paseo.   h. El segundo día, vamos a **ir** a la playa.
i. Por la mañana, **voy** a ver un espectáculo.   j. Por la tarde, **no voy** a ir al museo.
k. Finalmente, **voy** a **volver** a casa.   l. Creo que el viaje a Cádiz **será** genial.
m. En mi opinión, el viaje ser**á** la leche.   n. El viaje me hac**e** mucha ilusión.
o. Este verano, voy **a** ir a Cádiz.   p. Voy a viaj**ar** en tren.   q. El vuelo dur**a** cuatro horas.
r. En Cádiz vamos a alojar**nos** en un hotel básico.

Unit 13. A future trip to Cádiz: READING 2

1. Find the Spanish equivalent in Dylan's text

a. Siempre hace sol   b. Tomamos un autocar   c. Se puede ver   d. Las calles típicas
e. El viaje duró   f. Nos alojamos   g. Probé marisco   h. Voy a viajar   i. Una ciudad británica
j. Uno de los mejores hoteles   k. Vamos a visitar   l. Hay muchas cosas que hacer
m. Sacar fotos de África y del estrecho   n. Hay una que se llama

2. Answer in English

a. It's always sunny and good weather.   b. The people are very kind and nice and the food is very good.
c. An ancient Roman bridge.   d. Ate in a restaurant near the port.   e. Next year.   f. English and Spanish.
g. Excellent views of the straits (of Gibraltar).   h. In the old town.
i. It is one of the most ancient cafés in Europe.   j. See monkeys; take photos of Africa and the straits; visit an enormous cave.   k. A beach.   l. In Cádiz.

3. Translate the following into English

a. The south of the country   b. The best   c. Last month   d. We stayed   e. The first day   f. We went back home
g. The people   h. They have excellent sea views   i. To go for a walk   j. It will be a very exciting journey

Unit 13. A future trip to Cádiz: WRITING & TRANSLATION

1. Complete the table

a. **This summer** – Este verano   b. A show – **Un espectáculo**   c. The old town – **El casco antiguo**
d. **A hostel** – Un albergue   e. Luxury – **De lujo**   f. The botanical gardens – **El jardín botánico**
g. **In the morning** – Por la mañana   h. Go back home – **Volver a casa**   i. **By plane** – En avión
j. Awesome – **La leche**   k. Great – **Genial**   l. Uncomfortable – **Incómodo**   m. **Fast** – Rápido
n. **Finally** – Finalmente

2. Complete with a suitable word

a. Este verano voy a **ir** a Cádiz.   b. El **viaje** a Cádiz dura cuatro horas.
c. Me gusta **viajar** en coche porque es cómodo.   d. En Cádiz, vamos a **alojarnos** en un hotel de lujo.
e. El hotel está lejos de **la** Catedral.   f. Me gustaría **probar** platos típicos.
g. Voy a **dar** un paseo por el jardín botánico.   h. El primer día, **vamos** a ir al parque.
i. Por la tarde, voy a ir **al** museo.   j. Finalmente, vamos a volver a casa en **autocar**.
k. Creo que el viaje a Cádiz **será** inolvidable.   l. El viaje me **hace** mucha ilusión.

3. Slalom translation (left to right)

e.g. Este | verano | voy a | ir | a Cádiz.

a. Voy | a | viajar | en | avión.   b. El vuelo | a España | dura | tres | horas.
c. El hotel | está | cerca de | la playa | de la Caleta.   d. Me gustaría | comer | marisco | y | tapas.
e. Vamos a | alojarnos | en | un hotel | barato.   f. Voy a | dar | un paseo | por | el casco antiguo.
g. En Cádiz, | voy a | alojarme | en un | hotel de lujo.   h. Vamos | a probar | platos | típicos | españoles.
i. Creo | que | el viaje | será | la leche.

4. Complete the text below choosing from the options provided

Hola, me llamo Ainhoa y soy de Valencia. Normalmente, **voy** de vacaciones al extranjero *(abroad)* pero este verano voy a ir a Cádiz con mis **abuelos**. ¡El viaje a Cádiz **dura** ocho horas y media en coche! Sin **embargo**, me gusta viajar en coche porque **es** divertido y **cómodo**.

En Cádiz, vamos a alojarnos en **un** hotel de lujo. El hotel está **cerca** de la playa de la Caleta. Durante el viaje, me gustaría **probar** marisco local y **dar** un paseo por el barrio de la Viña.

5. Write the questions for the answers below

a. ¿Adónde vas a ir este verano?   b. ¿Dónde vais a alojaros?   c. ¿Qué vas a visitar?   d. ¿Cómo vas a viajar?
e. ¿Qué te gustaría comer?   f. ¿Dónde vas a alojarte?   g. ¿Qué vas a hacer por la tarde?
h. ¿Cómo vas a viajar a Cádiz?

6. Gapped translation

a. E**ste** v**erano** voy a **ir** a Cádiz.   b. V**oy** a v**iajar** en avi**ón**.   c. Me g**usta** v**iajar** en barc**o** por**que** es d**ivertido**.
d. V**amos** a alojar**nos** en un hotel b**arato**.   e. El hotel est**á cerca** del p**uerto** de Santa María.
f. Me gust**aría** v**isitar** el b**arrio** de la Viña.   g. En Cádiz, v**oy** a p**robar** pl**atos** típicos.
h. El primer d**ía**, v**oy** a **ir** al par**que**.   i. V**amos** a **ir** a la pl**aya**.
j. Cr**eo** que el v**iaje** a Cádiz s**erá** genial.

7. Translate into Spanish

a. Este verano   b. Vamos a ir de vacaciones   c. A Cádiz   d. En el sur de España   e. Es una ciudad bonita
f. En la costa   g. Vamos a viajar   h. En tren   i. Vamos a alojarnos   j. Voy a alojarme   k. En un hotel barato
l. En un albergue básico   m. Está cerca del centro   n. Lejos de la catedral   o. Vamos a dar un paseo
p. En el casco antiguo

TERM 3 – BRINGING IT ALL TOGETHER – 13

1. Answer the following questions in English

a. In the northwest of England.   b. Ireland.   c. The east of Ireland, on the coast.   d. To Barcelona.
e. In a basic hotel.   f. He wants to go to Park Güell and eat tapas.
g. They are going to visit La Sagrada Familia.   h. Germany.   i. A cheap hotel.

2. Find the Spanish equivalent in Emmanuel's text

a. Los padres de mi madre   b. En la costa   c. Cinco días   d. Es rápido   e. Quiero ir
f. Ver un espectáculo   g. Me gustaría ir   h. Me apetece   i. Mi madre dice   j. Una semana
k. Vamos a quedarnos   l. Si tengo tiempo

3. Complete the translation of paragraph 5

In the future, I would like to go on **holiday** to South America **because** I like tropical **countries**. For **example**, I fancy travelling to Colombia or Brazil given that it's always **hot** and one can **eat** diverse **fruits**. Furthermore, my **grandad** is Colombian therefore <u>I</u> would like to learn about his **culture** and try local **dishes**. **However**, my dad **prefers** European countries that are **rich** in history, art and **culture** like Italy, Egypt or **Greece**.

4. True (T), False (F) or Not Mentioned (NM)?

Luna did not go on holiday in the summer. **(T)**   Luna stayed with her grandmother. **(F)**
Andrés went to Italy. **(T)**   Venice is in the north of Italy. **(F)**   Luna does not like Venice. **(F)**
Andrés went to many museums and galleries. **(T)**   Andrés didn´t go to many beautiful places. **(NM)**
Andrés went for a gondola ride. **(T)**   Luna will spend a week in Mallorca. **(F)**
Luna will sunbathe every day. **(T)**   Luna does not like do go swimming. **(F)**
Luna is looking forward to buying souvenirs. **(T)**   Andrés is also going to Mallorca. **(F)**

5. Complete the statements

a. **Andrés** went on holiday to Venice.   b. Andrés did a lot of **tourism** in Venice.
c. Andrés thought the gondola ride was **expensive**.   d. **Luna** is going to Mallorca for **two weeks**.
e. Both agree that **buying souvenirs** is the best thing about holidays.

END OF TERM 3 – QUESTION SKILLS

TRANSCRIPTS

1. Fill in the missing letters

a. ¿Qué hiciste el sábado?   b. ¿Con quién fuiste?   c. ¿Cómo fue?   d. ¿Qué vas a hacer este fin de semana?
e. ¿Qué va a hacer tu hermano?   f. ¿Qué quieres hacer esta mañana?   g. ¿Te gustaría ir al parque?
h. ¿A qué hora quedamos?   i. ¿Adónde vas a ir este verano?   j. ¿Cómo vas a viajar?
k. ¿Dónde vas a quedarte?   l. ¿Qué vas a hacer?   m. ¿Dónde está el hotel?   n. ¿Qué lugares vas a visitar?

2. Choose the option that you hear

a. El sábado fui al estadio.   b. Fui con mi mejor amigo.   c. Fue muy aburrido.   d. Voy a hacer deporte.
e. Mi hermano va a ver una película.   f. Quiero ir al cine.   g. Sí, pero tengo que estudiar.
h. Quedamos a las cinco y cuarto.   i. Este verano voy a ir a Cádiz.   j. Voy a viajar en barco.
k. Voy a alojarme en un albergue.   l. Voy a probar marisco.   m. Está cerca del casco antiguo.
n. Voy a visitar el castillo.

3. Listen and write in the missing information
a. El sábado pasado **visité** museos en el **casco antiguo** a las **cinco y media**.
b. **Fui** al casco antiguo con mi **hermano mayor** y su **novia**, Raquel.
c. En mi **opinión**, fue **bastante divertido** pero un poco **agotador**.
d. Este fin de semana voy a **hacer footing** en el **centro** con mi amigo.
e. Mi hermano va a **jugar** al **baloncesto** en el **polideportivo** con sus amigos.
f. Esta **mañana** me **apetece** dar una **vuelta** en bici por el **parque**.
g. Bueno, me gustaría, pero primero **tengo que** hacer mis **deberes**.
h. Quedamos **enfrente** del **centro comercial** a las **once y media**.
i. Este **verano** voy a **ir** a Cádiz en **avión** con mis **padres**.
j. Voy a **viajar** a Cádiz en **coche** porque es más **cómodo** que en **tren**.
k.Voy a **alojarme** en un **hotel barato** y **básico**.
l. Voy a dar una **vuelta** por el **parque** y por el **barrio** de la Viña.
m. El **hotel** está **muy cerca** del **puerto** de Santa María.
n. Voy a **visitar** el **jardín botánico** y vamos a **ir** a muchos **museos**.

ANSWERS

1. Fill in the missing letters

a. ¿**Qué** h**iciste** el s**ábado**?   b. ¿**Con** qu**ién** f**uiste**?   c. ¿**Cómo** f**ue**?   d. ¿**Qué** v**as** a ha**cer** este finde?
e. ¿**Qué** v**a** a h**acer** tu hermano**?**   f. ¿**Qué** qu**ieres** ha**cer** esta mañana?   g. ¿**Te** g**ustaría** ir al parque?
h. ¿A q**ué** hora q**uedamos**?   i. ¿**Adónde** v**as** a i**r** este verano**?**   j. ¿**Cómo** v**as** a viaj**ar**?
k. ¿**Dónde** v**as** a q**uedarte**?   l. ¿**Qué** v**as** a h**acer**?   m. ¿**Dónde** e**stá** el hotel?   n. ¿**Qué** lugares v**as** a visit**ar**?

2. Choose the option that you hear

a. Estadio   b. Mejor amigo   c. Muy   d. Deporte   e. Una película   f. Ir al cine   g. Estudiar   h. Cinco y cuarto
i. Cádiz   j. Barco   k. Albergue   l. Marisco   m. Casco antiguo   n. Castillo

3. Listen and write in the missing information

a. El sábado pasado **visité** museos en el **casco antiguo** a las **cinco y media**.
b. **Fui** al casco antiguo con mi **hermano mayor** y su **novia**, Raquel.
c. En mi **opinión**, fue **bastante divertido** pero un poco **agotador**.
d. Este fin de semana voy a **hacer footing** en el **centro** con mi amigo.

e. Mi hermano va a **jugar** al **baloncesto** en el **polideportivo** con sus amigos.
f. Esta **mañana** me **apetece** dar una **vuelta** en bici por el **parque**.
g. Bueno, me gustaría, pero primero **tengo que** hacer mis **deberes**.
h. Quedamos **enfrente** del **centro comercial** a las **once y media**.
i. Este **verano** voy a **ir** a Cádiz en **avión** con mis **padres**.
j. Voy a **viajar** a Cádiz en **coche** porque es más **cómodo** que en **tren**.
k. Voy a **alojarme** en un **hotel barato** y **básico**.
l. Voy a dar una **vuelta** por el **parque** y por el **barrio** de la Viña.
m. El **hotel** está **muy cerca** del **Puerto** de Santa María.
n. Voy a **visitar** el **jardín botánico** y vamos a **ir** a muchos **museos**.